张贤春 著

大荒之野

燕山大学出版社
2018 · 秦皇岛

图书在版编目（CIP）数据

大荒之野 / 张贤春著. —秦皇岛：燕山大学出版社，2018.6
ISBN 978-7-81142-635-9

Ⅰ. ①大… Ⅱ. ①张… Ⅲ. ①散文集－中国－当代②诗集－中国－当代 Ⅳ. ①I217.2

中国版本图书馆 CIP 数据核字（2018）第 109404 号

大荒之野

张贤春　著

出 版 人：陈　玉
责任编辑：孙志强
封面设计：吴　波
插　　图：姚　远
出版发行：燕山大学出版社 YANSHAN UNIVERSITY PRESS
地　　址：河北省秦皇岛市河北大街西段 438 号
邮政编码：066004
电　　话：0335-8387555
印　　刷：秦皇岛墨缘彩印有限公司
经　　销：全国新华书店

开　　本：700mm×1000mm　1/16　　印　　张：18.75　　字　　数：252 千字
版　　次：2018 年 6 月第 1 版　　印　　次：2018 年 6 月第 1 次印刷
书　　号：ISBN 978-7-81142-635-9
定　　价：68.00 元

一室之磅礴，无以大于大荒之野。

铭曰：天远乎哉！一仰而足。

——永乐大典（残卷）

自序 / 一念之间

我一直以为，现实不比想象，也不比回忆。

当然，尽管没有那么好，究竟也没有那么糟。

现实多是爱恨交集、孰是孰非的纠缠。

然而，

“冷暖旧雨今雨，是非一波万波”，却也那么真实。

一念是多情，还是无情？是好，是坏？是花坠如雨，还是万劫不复？

赫然于征途之上，间或出没，驱之不去。

尼采说，“每一个不曾起舞的日子都是对生命的辜负”。

我固然不敢挥霍。

可是，毕竟有那么多迎面而来的风雪，共落叶于襟前，岂可不闻不顾。

所以，我常常砥砺自己要温润地去看待此生，放一马对自己的声讨，也多一些对他人的体谅。怀抱爱和深情，哪怕以片刻之领悟，也要努力放大光明，并以此回应这冥冥中的相遇、相知、相守、相望。

正是这些惊鸿一瞥的闪念，曾在某年某月某日的某一刹那左右了我的情绪，指引了我的取舍，让我有勇气一次次约谈自己，整理行囊，然后，继续前行。

于是，也就有了这些碎碎念念的记载。

无非是孤独的我，与周遭的那些微不足道的相遇、冲突与谅解，以及醉醒于尊贵与卑微之间的喜怒无常。

是以为序。

元祐

丁酉年冬于不知堂

目　录

散　文

诗　歌

散文

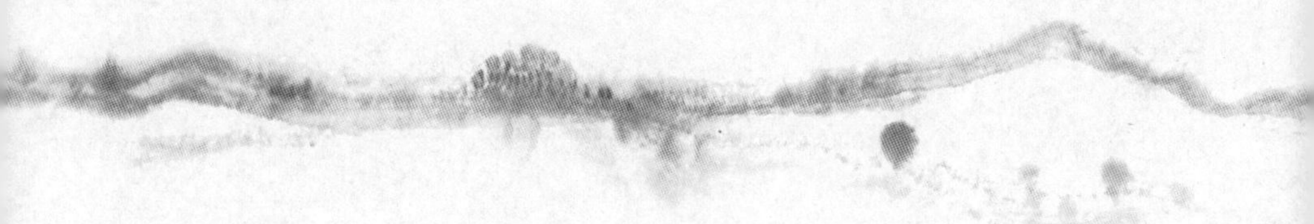

立春 / 我在等你，也等春天

面对去冬的冰雪，以及厚积的丰年，我确定我已无限地抵近春天。

远山和俯仰皆是的风尘的树草，在我的注视下骚动不安，隐忍着心头迫不及待的欲念。我知道，一轮洪荒的生长即将刺破厚土，弥漫关山。

向着我，向着天空，向着遥远，绣满春天的画卷。

春天，是地球上最大动作的醒来，火药的呼喊如何也比不上一声春雷天地间。而金鸡报晓则是另外一种更具人间的声动，饱含从祖先处承续的力量，即使那些刚刚愈合或本就不该愈合的伤口又隐隐泛出疼痛。可是，没有疼痛，就没有新生；没有出发，就没有新的里程。

年复一年，我们终有一夜会在烟花中开悟。绽放，是绚彩的人生，只是太匆匆；也不过是泡影幻化的泪痕，一声无语，究竟是太无情。

伫立在三月的门楣，面对广袤的春天，也是面对你朝我而来的方向。

之于雪，我早就说过，连同整个的冬天也不过是春天的一场巨大伏笔。

年年岁岁，暮暮朝朝。

在梦中醒着，醒在梦中。不相应，便是无明的夜；心若不圆，一切也不过是貌似的团圆。

金鸡破晓，我早已领会那是你出发时吹给我的号角，我们决意在春天里结伴踏歌，砥砺驭风。

一定要幸福，前路向远，中正而行，观心自在；一定要微笑，不必绚烂，那浅浅的善意，也是生动的春天；一定要和气，浩荡一颗磊落的心，你敞开世界便敞开；一定要勤劳，在田野、在城市、在指间、在荒芜，倾心创造自享分享的生活；一定要担当，譬如微尘，也要心如大地，任凭痛苦踩踏过去；一定要爱，爱是根本，爱是懂得和良知，爱是一颗诚挚的心；一定要坚定，坚定，就是你在向我骄傲地走来。

经过每一个家门，请你细读每一副映雪的朱联。那一抹红是心灵的承载，承载着每一个颠簸的希冀，也承载着人情、祖训、国事、家风。

一轮红日，从海面上升腾，东风浩渺，熠熠其华，连接渤澥共长天。

我知道一切都在等。

等每一个出入欢喜、四季平安的人，等每一个光芒万丈的黎明，等所有温暖的力量，等所有奉献的人生，等吉乐安康潮水般将你我围绕。

立春。我在等你，也等春天。

新年 / 发出爱的最强光

又是倚门回首时。

新年，是一种期待，也是一次庄严的出发，总被我们寄予厚望。

城市沐浴着天光，也接纳着大海折射来的水色，与我们的心意交相辉映，构成了香浓的赤霞珠，让我们确信一切可以如此美好。

冬天的风，是朱门初启温切中的一丝浅寒，不激不厉。一如透明的忧伤，潺缓流淌在欢乐和希望之间，氤氲着生活，沉着而富足，是一副中庸悲欣的良药，为进退留有余地。

回望走过抑或路过的一年，乏善可陈，又非不屑所能轻易抹去。一路遇见，以及转身的离开，却又不知从何说起，莞尔一笑，究竟不知是为哪般、为哪天？

只道是，一切还好。

门里门外是每个人迥乎不同的愿景，有人留恋，有人急着告别。

或者，一段路，太美，不敢回头望；一个将来，近在眼前，在期待里展开。如此清寒的时节，新年，无疑是一个贴心的安排，甜蜜而温暖。

一场惊心的破土，一夜相逐的绽放，哀艳的凋谢，繁华尽去的硕果归仓。这一轮四季见证了我心灵的繁华与暖凉。熟悉了与粗粝、尖锐的时光抗争、和解，再抗争、再和解，却也是尽心竭力。尤其是一个人的时候，事事当头，只能事事扪心，心里有了光芒和烈焰，我们才会有捍卫理想的勇气和力量。

朋友留言说，只要心中有阳光，诗酒更比雾霾狂。

我为之一振。

光芒和诗酒，是放逐千年而生还的希望啊！

怪只怪自己，眼中多泪，心里多情。花开的时候总觉得是为你开，花谢的时候又觉得是在为你而落，你不多情谁多情；艳阳高照的时候，总忧戚被灼伤的一枝，雨落的时候，总悲悯打落的那朵，你不流泪谁流泪。无人懂，便不再幻想有人懂，瞬间可能已是伤害。无影掌的手，我必是无法接你的招。

人生苦短，我无力匆匆错过。

很难说我所走过的一年，是收获了一段路、一段思考，还是一路的徘徊和凝望。过去了的那么的静，消散了曾经唱过的歌声。

对过去的任何记忆，都可以叫作怀念。现在的，总是看不太清楚，一旦终于看清楚了，早已是面目全非，而将来又是那么飘摇和难以把握。所以过去了的，已成往事，那么多、那么多，当伸手去抓的时候，空无一物。如彼岸花，隔着无际的河水，望犹在，意难尽。而岸头，正是你的心头。于是当你此时快乐的时候，快乐并不一定只是来自今天的此地、此刻，有时会是隔了几年、几十年，是千山万水的抵死相约，才修炼和融结成了此刻。

新桃换旧符，是一元复始的象征。

是时代，是耀眼的时代中国注定了我们比任何时候都更充满希望。

这是属于我们的时间。世界烟尘斗乱，奋斗！我们不疑不慢，越是夜黑夜深越黎明！你我他，远瞩高瞻的眼，沉下浑厚的肩，加起来就是伟大的中国力量。

一切呼啸着过去，一切也正迎面而来。

抬眼就是矗立在我面前的新世界，生机无限，尽管扑朔迷离。

一切如此的安宁，风是夜里缓送的笛音，我无心睡去。

只有，一夜无眠，倚门回首的甜美眷恋。

2016，I See You.

心之所在 / 欢愁所在

下班，已是苍烟落照时分。

花卉市场就在左近，好些天就惦着要买的菖蒲、文竹、兰草，想着就要见面，心便欢喜，脚步旋即变得轻快。

只一眼，就确信她们苦等的正是我，统共三盆，个个蕙质兰心。一时间，所有的迫切就像宝哥哥和林妹妹的那次相逢，也仿佛哪里见过一般。

冬夕的小岛，外面的风还是很紧的，每株连草带盆儿也就好汉的拳头大小，使袋子小心提着，用手托着底部，尽量给叶子腾出不受迫的空间。持平，防止花土散落，仿佛持平一颗心。取道林间，脚下是梧桐树稀疏清瘦的投影，头顶是霾上淡月的光华，一群小伙伴欢天喜地地还家。

犹记，卖花妹温婉的笑貌。

今年，竹子养得好，是我用心。

案头又有了她们，就像早来的春天，我是很满意的。

养了才知道好，小小的身段，不争也不吵，温饱之余呆萌对坐，看我写字喝茶，闲暇赏玩，养眼亦养心，自然是一等的幸事。

如是，这尘俗的世相总是这样，轻盈而慕丰艳，喧嚣亦念薄云，满足不了的，随命了吧！

一边，是紫竹、佛肚竹瑟兮僩兮的笑。

冷 / 敦促每一个向暖的怀抱

秋雨，兀自地下在十月的边缘。

看天看地，其实都是在看雨，只是不看一滴，看这滴也看那滴。

近处远处尽皆云雨，云深处还是云雨，荒寂好像一瞬间的事儿。这雨中，比雨声大的有风，比风更沉挫的是叹息，只是不知是谁的。眼前的蛛网残破中还抱紧一只昆虫的翅膀，在风中颤抖，孤单、悲苦，比衰草和思绪更凌乱。然而，香不随风去，风不随雨湿，终归是各自安顿。雀栖檐下，呢喃的是偈语吗？一样地给不出答案。

水路托举远方，大地缄沉不语，走过所有虚妄的倒影。

红叶，盛夏的余温或是水印；雁南飞，又一次掠过萧索的芦苇。

冷与热，一半是人心，一半充斥着天意。

我们用经验和牵挂提示彼此，你要多穿点了，吃点热的！

凭谁必是不要烦，世上真正惦记你的人并不多，何况，念在哪里，心就在哪里。

感谢每一句暖心的话，再小再不经意的也是美好的；感谢每一个匆匆的雨滴跟寒切，它无非是在催促我们要平安、喜乐、珍重。

对自己要好，就从现在。

一生很短，别去诉诸永远，未来也只是虚无。

时空流转，你说秋刚刚来，我说秋正向冬里去。去多远多久，我不知，眼下只见一个怀揣玄意的风和这湿了又湿的途路。不要问路通向哪里，请先问一下自己想要去哪里，然后坚定地走下去，燃烧自己，照亮灵魂和前路。

一念起，万水千山；

一念灭，香消玉殒。

冷，其实是为了敦促每一个向暖的愿望，给你怀抱。

雨 / 忍不住的深情

凡事，喜忧参半。

又是雨，拍着风，从落日的黄昏匆匆赶来，领来冷，领来泥泞。

在雨和风嬉笑不羁的背影里，多穿一件或是少穿一件都未必对，因为它喜怒无常，是斗、是玩儿全由我们定义。

被雨打碎了的花瓣，混糅在泥土里，分不清雨和泪，却无须悲悯。

每一滴打天上而来，必是经历孤独，也经历阴郁的天空，终究是抵达而非坠落。没带伞，也不想突出重围，明明知道就算不被雨浇，里面也未必干爽，倒不如让寒暖流在我的身体上交汇一次，也好荡涤一下这个泥做的肉身，那些流俗的罪恶，可好？至少不远处，还可以用一顿麻辣烫的火锅安慰自己。

冷归冷，还没有见到寒。

而寒则是秋背后最大的一块白。

雪山、青草、美丽的喇嘛庙，以及你能想到的一切转换。那些冥想，那些臆断，那些羁绊，单单遇到这秋风秋雨夕，怎么就一下子都沉默了呢？！

是不能言语，还是不肯向寂寞处说，或者释然。

人生不比，够用即圆满。宽与窄在于行走，冷与热但凭一念。

抬望处，一只鸟，飞离枝头。

之于我，那惊鸿的一瞥，飞走的只是翅膀，隐入苍茫。

天光云影共徘徊

晴 / 时光初洗如婴

秋阳，尤其雨后，金子般的色彩。

云，高飘着，以自己的表情诉说着风的心愿。

窗子上还残留着等待风干的雨滴，行走的人衣袂飞扬。喜欢那些只有逆风中才有的奋斗身姿，坚定而进取。

任谁该都明白，比过去和未来更重要的是当下，比活在别人的挑剔和刻薄里更重要的是活在自己的成长里，哪怕是千山万水地寻找，都需要始终向前地不遗余力。

这初晴的午后，我是断不肯躲在屋子里甚至于疗伤。

我要在秋虫的鸣叫绝迹于我的怀念之前，在花朵们捍卫自己的香艳最终无果之前，在呼吸尚未凝结为霜寒锁大地之前，我要去看它们，去看草、看树、看光影、看翡冷翠的雨滴，也去看街巷里的剑气游风以及青石板上的急促霜履。

然而，究竟是满地尽皆逃亡般的落叶，雨水后的沉簇，仿佛相拥而泣，又恰似痛饮而欢。那些蜂蝶、蝼蚁，还有知了的山呼都去哪了呢？！萎颓的草，一直衰瑟到路两侧落寞的沟渠，似乎放大了忧戚，孤寂、蔓延、僭越，却无须怜悯，因为我知道这是使命。

“天地不仁，以万物为刍狗。”

尽管，红尘依旧是尘；尽管，人性守着兽性，睥睨着神性，但无论如何也要抱紧生命的告诫和那份冒昧的纯真，要努力活得诚挚，行得端庄，爱得纯良。世界很大，足以容得下所有的人。毕竟，不完满的不是别人，永远是百般无赖的自己，而世界从无不妥，然而，自己又哪里真的有那么多不是呢？！

爱惜自己很重要。

要让回忆只是回忆，要让开始充满神圣和力量。

感谢这雨，滴落在这今秋的尽头。尽管天地一时忧郁，尽管秩序一时不堪，尽管心绪一时慌乱，好在，时光初洗如婴。

还要怎样，如此已是最好。

其实，秋天。

我就是爱你这重整山河、决绝不争、纯粹不染的样子。

一别 / 归来已是冬季

很多的美，不经意便流逝了。

只二十几日的光景，树头的眺望便成了地上的沉沦，难免心有戚戚。

因一夕骄傲不慎的骑行，滚鞍落马，伤及筋骨。于医院，一入一出便由秋而转冬。

行将就刀之惧、植入钢板之恐、切开缝合之殇，凡此种种都不及内心惶惶之痛。谁能料及，好好的皮囊咋就倏忽间便伤了、断了、倒下了，唏嘘不已。

痛定思痛，无论怎样不小心的过失或伤害，终归是累计是惩戒也是愧对，无非各自因应，当然怨不得谁。何况已是呻吟之躯，也不好再苛责。

一瓶瓶的药液，滴入躯体，虽非勾兑，也必是再无原浆，还能怎样？！

十数几天的病榻之囚，最是怀念也渴望自由。白天难耐，夜晚尤长。此起彼伏的阵阵疼痛和必遵医嘱的约束，让人行为受限，甚至于无法把玩手机，好生煎熬。见天看医生、护士来去，便是了大多数的人来人往了，恍惚隔世。

当时的滚落，虽无外力，但也细思极恐，深味那些似乎毫无征兆的无常和因果，想来生畏。恐怕我的公路车此后再也不会骑了吧！可是，又关卿抵事呢？

太阳是圆的，地球是圆的，月亮是圆的，人生也是圆的。

而一个个圆，又何尝不是一个个人间的句号，只有睿智的人才能将其汇成不灭的江流，不寐不歇，和顺而悠远。

一念合十，敦促众生安好。

唤醒心中的那个少年

还有什么能比得上在北戴河的秋天里走起，也没有哪一次的走起像今晨这般痛快淋漓。

风从耳边呼啸着掠过，伴飞着五颜六色的落叶。

一切，欢欣而沸腾。

平生第一次深切地领会什么叫破风，什么叫剑气，什么是追风少年。

车以平均 35 千米的时速驭风而行，是一场追逐，一场拥抱，又仿佛一次将军般威风凛凛的出行，惊风动雨。能追风，想追风，去追风唤醒的早已是一颗少年的心。

无关年岁，风从小就是我们的玩伴，能追，你就是少年。

其实，人生，不过世界和我。

不为名利所惑，不为得失所驭，不为俗务所累，不为外力所伤，最为紧要的是不为自己所弃，所以要把更多的爱给自己，这是伦理。只有经营好自己，你才有力气照顾世界，这是觉悟。欢乐忧伤，很多的时候是你看以什么样的情怀和角度来回应这个世界。譬如这秋，你若以醒眼看秋，秋就会还你一世的繁华与舍得；你若以醉眼看秋，秋就会报你以醉，呈现给你的已不只是金风与色彩，而是生命本来就有的绚烂与癫狂。

入秋，一切开始瘦下来，瘦到只剩下轮廓和线条，因为她懂得繁华，更懂得删繁就简的妙义。而我闻风而动，穿行在秋的时空里竟一时迷失于天地、上下、古今。

时间在走吗，还是亘古就永恒？

我知道急速飞奔的只是我，世界不为所动。我之于世界是何其的渺小，若不是人口普查的需要，你我甚至是可以忽略不计的。但是，我们不能因此忽略了自己的在。

我在，世界才有意义。

祖祖辈辈，我们的生命的小船只是在时间里浮沉老去。

现实生活中的快与慢都不改时间有无的属性。破风也好，追风也罢，有的时候你飞奔了一路，其实并不是为了急于赶路或是赶时间，你只想在某个高兴的时候撒个欢儿，就像骏马见到草原，就像青春遇到了恋爱。马是不想辜负与草原的相遇，青春则是没有理由不为爱狂热一回。而我这孩子般的快意骑行，就是想在这与风的追逐和厮磨中做回少年。

无法知道这一路和谁的相向而走，还是结伴同行，珍惜你所遇到，但问题也就在这里，遇到的未必是你想遇的那个人，所以人生百态。可堪目逆而送的不是这秋还会是谁呢？正像有些人和事认识了好多年，却依然是一个冷冰冰的背影。

怀旧是人们集体的情感，秋天尤甚。

小时候夹在课本里的一枚红叶，偶然翻见，不知是她代表了喜欢还是爱，但那究竟是一种抚慰的力量。一眨眼，昨天已是霜降，是今年的最后一段秋，一石一草一木早已浸透了幽冷和清寒，只有有一颗有热度高洁的心才可与之匹配，我又怎么会不知呢？

人啊，特别有意思，小时候啥都新鲜、啥都好玩、啥都想玩，可是出于种种，你未必能玩成，可是长大了除了爱玩心眼、玩权、玩钱，其他别的基本什么也不会玩，至少是玩不好了，特别红眼想玩的又往往是玩不起，真的好可怜哪。所以我觉得趁着肉还紧心还嫩，赶紧为将来计，比如读书、写字、画画，或者其他一些修身养性的运动都好，这些虽保不了你长生，但总会届时抚慰你孤家寡人的灵魂。

一生的胜利，就是做人的胜利，当然也是方向和道路的胜利。

鹰在它的高度通常遇到的还是鹰，苍蝇也不会和别的什么动物为伍，不过就像麻雀，似乎和人走得更近，而狮子只有遇到老虎那才叫遇到了对手，其他只能叫猎物。所以，我们要善于分类和总结，给自己一个坐标，行动才不会过于盲目。我的意思是努力找到适合自己生存的区域空间，是鱼请到水里游，是鸟请到天上飞，不要辜负老天给我们的那份能力，何况这世界你来了，享受到了权利，总要履行点儿义务，这才本分。

也必须清楚，变老是规律，不老是胡扯，服老是清醒，倚老卖老是病。

所以，人过中年是该果断唤醒你的玩心的时候了，唤醒玩心就是唤醒了你心中的那个追风的少年。否则，你不只是老了，而且废了。那可就愧对了修炼一生才有的这把年纪、这副皮囊、这苦辣酸甜的一生。

目逆而送 / 请别辜负这场相逢

“四海之内，皆兄弟也。”语出《论语•颜渊》。

这是早在两千多年前中国人就有了的胸怀，历来为世人所崇尚，并被高悬于联合国总部的正厅。直指人心，意在告诫不同肤色、不同民族、不同种族、不同文化的人们不要打、不要闹，要互敬互谅，像兄弟一样守望相助。

可是，放眼世界，有多少兄弟的家已无、心已碎、泪已干；有多少兄弟被屠戮、被无视、被践踏；有多少兄弟生不如死，生不如不生。

不是别的，这终归是人性的悲哀。

四海者，无限宽广，无尽寥廓，人之所居就是四海之所在。兄弟者，就应该情同手足，休戚与共，生死相牵。不论是天涯孤旅，萍水相逢，抑或劫尽余生，兄弟意味着团结和温暖，兄弟意味着包容和体恤。可是，几家能够，几人能够？为什么还有那么多的心灵无处安顿，那么多的无情无视生命的尊严？！

武侠小说家金庸曾以“我的武侠世界”为题目发表演说。他说“人心即是江湖”，并以“四海之内，皆兄弟也”形容他色彩斑斓的武侠世界。正是这一念，贯通了他武侠世界的全部。

窃以为，若人心果真是江湖，那么人心的鹊起，必是江湖的风动，而风之动，便一定是你我狭隘的内心掀起了波澜，而这波澜就是我们心灵深处不眠、不歇、不止的永不知足的欲望。

“山河大地，亦属微尘，而况尘中之尘；血肉之躯，且归泡影，而况影外之影。”

如果我们在纷繁和喧嚣中有了这份明白和清醒，那么冷漠、哀愁、犹豫、彷徨，甚至于仇恨会不会就因此少些呢？如果我们在一起交集的时候多一些身心的柔软和包容的自觉，那么猜测、不解、嫉妒、怨恨，会不会就因此弱化许多呢？

内心的焦虑就是我们对世界的不安，世界之所以乱，其最根本的乱，就是我们自己管控不好自己，而更多的时候想的总是管控别人，大的管小的，强的管弱的，可是谁又会是真心地听你的呢？于是，矛盾、冲突、算计，就成了身在江湖的沉重主题。

结果是成就了不光彩、不磊落、不仗义、不堪的一生。

这一生相遇已是不易。如果我们是为爱而来，那就让我们把慈悲进行到底；如是因仇而聚，那就让我们于今生作个了结，切不可一念嗔心再追杀到来世。

好也罢，赖也罢。目逆而送，请别辜负这场相逢。

风你只管吹 / 要什么答案

10月21日，“2016凤凰•鼓浪屿诗歌节”在“钢琴之岛”盛装登场。

一时间，大咖云集，奏响了诗与歌的和鸣。

舒婷、北岛、郑愁予、余秀华、水田宗子、维雅•库普里扬诺夫、胡安•卡洛斯•梅斯特雷等海内外百余位诗人，天南地北为诗而来。

一下子便融入了整个的秋天，掀起歌声的涟漪，你分明感受到来自人类心底的沉醉、欢呼、原谅和赞美，诗歌的背后汇聚的竟是整个自然的力量。

因这盛会，耳边多了许多关于诗歌的链接，或电话、或微信。

诗就是这样，它是要说些什么，但又没有一定要说什么；它是想给我们些什么，但又没有一定要强加给我们些什么。一如一株小草的破土而出，它没有说我来了，也没有说春天来了，而只是来了。

我的领会是，任何事物未必要充当某种角色才真的有意义，问题是可不可以从诗歌中找到那些足以安慰灵魂的气息。

每每翻开诗卷，我发现他们是在自然的秩序中衍生的一种存在。

人们可以拒绝与外界对话，但你不能拒绝同自己对话，读或写诗都属后者。当然，它不是一切，于其之外，阳光下还绵亘着存在的广阔领域，但走近诗歌的天空，你会惊奇地发现，美妙的诗歌背后有着人生简朴的幸福、智者清脆的足音以及从未蒙面的熟悉的面庞和近乎你我一样的轻轻叹息。

道不远人，诗歌亦是如此。诗歌属于每一个人，只是有人敏于感受，有人长于表达，与文化和愚痴无关。

生命是热情的，诗歌是静谧的，然而这生命的热烈和诗歌的静谧并不矛盾，她只是在告诉我们一切按照自己的节律自由地生长就好，爱就走近它。

其实每一个人都有一颗诗心，并始终你在它在。只是有时候我们的自卑太过于自信，于是诗心俨然消失。按照我的理解，诗心和会不会写诗、会不会欣赏诗并不排斥。一个人在精神上足够成熟，能够正视欢喜或苦难的来临，同时心灵依然纯净，对世界仍然怀着诗人般的兴致，这完全是可能的，这是你潜在的、本能的力量，也许这些力量总是埋藏得太深。当我在赏读诗歌的背后发现一种大自信，在信手拈来的笔墨中读出了一种大自卑，我的心不禁震惊了，诗人与我正相视会心而笑。

诗歌是灵魂的叹息和歌唱。

我甚至相信，我们最接近诗歌的时刻，不是在诗歌向人显示奇迹的时候，而是在人们认识到世上并无奇迹却仍然对诗歌的美丽感到惊奇的时候。

胡安•卡洛斯•梅斯特雷说，“诗歌只是一种非功能性的话语，不断重述仅只一个目的，那就是建立一种与宇宙类比的身份：如此多散乱的谜题，帮助我们澄清与世界的关系”。

风你只管吹，要什么答案。

等雪 / 结伴和我一样的灵魂

小岛的冬天，实在是不温不火，就算最冷的时候，也难派上最烈的酒。

就在昨夜，风从楼间参差而过时倒是留下了几声嘶啸，声似寒冬。

近些天，竟是迷上了元人小令。

灯下，茶未冷、墨未干。听诉小令中痛却不掩斯文的美，俨然一场贪欢，也像一次宿醉，字字凛以霜尘，置我于大荒之野，隐隐的是人间沉挫的叹息。欣于这此刻的繁华，也遗憾错过了当年的风月，像极了普洱茶的微熏带苦，也是一言难尽。再铺新纸，湖州好友寄来的上好净皮，捉笔抄下“一尺水，一丈波，信人唆，那一个心肠似我”。我写子昂，羡其流美，若是有雪飞临，这旷夜就完美了。

十点。有朋友打来电话说，青峰街角新张了一家小酒馆，外貌清寒，里面却有几分旧时烟霞，牛肉以斤两计，酒就以粗瓷碗招呼，哪天要不要比划一下？我说，好啊！问，明晚吗？我说，不急，就以雪为令吧，雪下三寸，你不要开车，就踏雪而来，灯影下我在酒馆的门口早早迎你，然后你请我进，可否？他说，好！那就等雪。二人大笑。

我不好喝，但好酒。不过能愿意一起天地开怀的人不多，原因是我矫情、不入群轨。

大学时我与羽哥交好，都是赤裸的灵魂，时常会念起那次扎兰屯无名高地的痛饮，周遭是颜色青黄的秋林，说起来已是绝唱。蒙古的风吹刮着他的醉眼我的长发，我们聊到背后父母的艰辛以及毕业后未卜的前程，酸楚得不能自已，喝下酒水，溅出泪花，仿佛泪比酒多。

一时都还在啊！

过去，今夜，以及明天的明天，我想要一场纷飞的雪，共你诉说。

肯与万邦相对饮

雪 / 就要飞临这灵魂的屋脊

雪是好梦，爱是佳期。

一句等雪，等来了无数人心的抚慰。

等雪，是我在等你。

东平先生，亦师亦友，文笔清绝，人亦疏狂。看《等雪》后，留言数条与我。

你的《等雪》，给我看得泪花润泽了眼角！

又说，一片贤春心头纯美的雪，我愿意再等！

哈哈，男人啊，东北饮血狂歌的铁汉，鲁美高才，我的先生！几年不见了，当年的“名捕”，吹毛求疵的艺术导师，也不知这《雪》刺到了他哪根神经，一时竟是此番的颠倒，他多情我是知道的，但一地花泪我还是闻所未闻的。

而一入风雪，所有的人毕竟都会变成孩子，古今长幼见雪全无，于是我明白了他。

我知道，情谊让他一时语重，我自然信其真情。

不过，此篇一出，必定有同学自翠碧的江南隔山隔水地骂我于师不敬。

姑且叫他骂去，那厮骂我也不是一回两回了。

大学时，亦是雪夜，山东堡的前生。我们陪先生，还是先生陪我们，已模糊。学艺术的，偶尔的放浪形骸还是有的。那夜就在一家熟络的酒馆喝了唱、唱了喝，外面大雪豪飞，仿佛助纣为虐般嬉笑来去。小令说，风雪酒家天。那夜，我们几乎将店里能吃能喝的东西饕餮一空。结果，我们一夜没走，服务员和老板竟也一夜未归。去时已是第二天，天还黑，雪醉犹酣，门只是晄当一带，几条踉跄的身影，据说还翻越了学校的陡峭的围墙，然后四散遁去。

先生又说，留言不过供贤春兄饭后一笑尔。

我习惯了先生如此唤我。我回他，不必等到饭后了，饭前就笑了。我说，今冬我们隔空互捧，大荒之野有你，可谓“平”添风采。他回，小岛“祐”你，亦是幸事。

当然，还有你们，这些高贵的灵魂。

或曰，读完真想共醉一场。

或曰，等雪，等醺醺之乐。

或曰，等的是雪与酒的情怀，兄与弟的风采。

或曰，喜欢这文字中的豪迈和柔情，每个人都有属于自己的一片森林，也许有人从未去过，但它一直在那里，始终在那里，迷失的人迷失了，相逢的人会相逢！我也有一段关于扎兰屯的记忆，恰巧跟雪有关。

我说，灵魂相遇时，已是心意相通，斯人同在。

平常的人平常的事，俯仰之间，人生不过一颦一笑，必是我把小事放大了，但我也知道有些所谓的大事，之于我根本就微不足道。

在承德银里帮扶的姚远先生亦留言嘱我，贤弟，回去喝，等雪来。

哈哈，我在等雪雪不来，雪在等谁谁不在？

对了，有机构说，昨天没雪，今天没下，估计这两天就无雪了。

所以想喝，还要等。

雪，是生命唱给冬天的歌，也是冬天赐给生命的皎洁。

再等等，浩雪就要飞临这灵魂的屋脊。

坐望 / 慢点儿 / 等灵魂跟上

不知堂——我的小书斋，字是当代书法大家曾翔先生题写。

除了书，菖蒲、兰草、蓝宝石以及其他，竹子我也是要养的。紫竹、方竹、佛肚竹，总共七盆，足有五六十棵，一簇拥就是四五年光景，竹尖一绿到顶，我唤其竹林。

竹子貌瘦，不像我胖了又瘦，瘦了又肥，总难泯俗。这些竹子知道我爱她们，所以她们也会竞相地把最好的一面给我。林下是我的一把逍遥藤椅，读书、品茶、小憩，充耳秀莹，待得愈久，愈是倍感熏陶，与她们的深情坐望便是于己最好的回报了。

竹子不必等花期，长得葱翠就好。一如我，纵使百般辛苦，欢喜，就是我想要的日子。

盛夏的时节，一些杂草也会在盆里疯长，朋友来时，嘱我打理，我偏不从。我说，要长就长好了，谁还不愿和君子混，就像你愿意找我，鱼龙混杂才叫人间。留下也是教化。朋友自是撇撇嘴，林子大，风也大哟！

最是新笋冒尖的时候，我便躺在藤椅上静静地看其疯长，听拔节的声音，自然会想到王阳明，想象先生少年格竹的情景，不由得莞尔一笑。每每给她们喷水雾，是她们最欢天喜地的时候，每个叶子都会振作起来，氤氲着太阳的光华，仿佛满眼晴翠的风。我知道，窗外便是她们的眺望，有月的时候，我总担心她们会想起远方的家，或者乌镇，或者拙政园，或者张家界的峻丽群峰，也会格外的陪她们多些时间。

不特别冷的冬天，我都会让风进来些，鸟也会隔着窗户艳羡这一片绿，就索性在窗台上放个容器，偶尔撒些细米，便有鸟常来，我不在家的时候这些修竹才不至太过寂寞。

竹子从没有放弃过自己向上的努力，能融和又能坚持独立的自己，我自愧弗如！

想想，这世界是多么的美好，我爱她们便越加地爱时光，爱你和爱自己。

把自己打造成自己的杰作 / 这就是王道

砥砺。

除了奋斗，还是奋斗。

不必等，要学野草，无论在哪儿，都会积极地去争取水分和阳光。

这是生命的自觉！

既然开始，不必说为了春华秋实，也不必说能否绽放，只为这一次人世间的出没，完美地呈现，以英雄般的姿态，最起码要活得开心、振作而有生机。有人帮你、捧你，是你的幸福；若全世界没有一个人待见，还能活得欢欣而沸腾，那仍不失是一场终极的胜利。

坚定自己，这就是王道。

这就是人生不可懈怠的理由。

这一路的风尘顺逆，在崎岖、在泥泞、在阳光的田野，或是在星光的夜。

有时候我们不过是过度地放大了苦难，包庇了自己，也低估了自己。

其实，雪再大，对于大地不过是一件薄衫；风再急，对于自然也不过一次短促的呼吸。尽管我们小得可怜，可以不伟大，但我们必须庄严。必须要有一颗大心脏，既要装得下喜怒，也要能输得出磅礴的力量。

每一个人都是为某种使命而来，再苦再累，都要砥砺自己，必须比坚强更坚强，比残忍更残忍，要么战斗，要么被遗忘。如果从没被人记起，那就更没有后顾之忧了。战斗，像英雄一样，不是要流血，而是要把自己打造成自己的杰作。

人生，善恶穿插的迷局。而人心也只是顽劣，再弥天的罪，该死的是欲望。所以，面对周遭各种对立的情感，我们既要学会甄别，也要学会容纳。宽宥了世界，也就放大了格局。

光荣和隐痛都不必反复提及。

诗人大卫说，我爱这个世界，因为她残酷得美。

正如，所有的心都曾手扶两肋，眺望远方，催促我，你要努力去飞，你飞便是我飞，心飞是梦；人飞，心，就是鲲鹏的翅膀。

自怨自艾，是撕心啊！

一切的艰辛也不过为丰盈一颗虚妄的心。人生是一杯涕泣交零的烈酒，要么豪迈地醉，要么疯癫地碎，可否以英雄的名义，再痛一回，再饮一杯？

知道吗？

高兴时，阳光是直照到心底的，而悲伤的时候，所有的风和日丽也不过只是别人的好景。

一如这满目的落叶，可以是凋零，也可是今秋的帛彩，明春的早霞，不要说丢掉就丢掉，不要说放弃就放弃，飞出的箭，即是射出的人生，一发，便不再回。

管它，花开似锦；管它，风雨如晦。

所以呀，一切，只是一念。一切呀，可以是欢快的脚步，也可以是苍凉的歌声。

脚步，迈下去，迈给世界看；

歌声，唱出来，唱给命运听。

等雪/其实就是等一次欢歌

就在昨夜，雪终于落进了现实，也落在了每一个人的心头。

黑白相间，雪，似乎撕破了雾霾的长空，让夜发出了声音，这声音像枭娜的歌声，在每一个等雪的人心中传唱。欢呼这雪，正是因它在令人惶惑的喧哗与雾霾中，放射出镇定、鼓舞人心的光芒，强烈而坦诚，丰盈而自由。

晚上和若干朋友小酌，有后来的朋友说，外面下雪了，而且有越下越大之势。于是，这杯中之物也瞬时激荡起来，场面一度沦陷。更为甚者，这边还没有结束，便接了下一场青峰街角的邀约。个把钟头，兴犹未尽的数几条男女的滚烫身影，吟哦着席间还没有唱完的歌，冲进了雪夜……

此刻的街头，全无冬天的萧索，一切亦是如醉如痴。消散了人间泡沫一般纷纷杂杂的声音，仿佛只有自然万物动情的歌唱，以及来自心灵的美丽回响，只有身置其中才能细微体察。

是的，雪告诉了我们一个幸福的消息，那就是霾输定了。今夜，我们终于可以大口大口地呼吸了！这夜，晴翠无比！

雪夜，是大自在也是大寂寞。

顶风逆雪，脚步的过和不及，都可能摔跤，不免慨叹。我们终日的忙碌，究竟是忘了自然，也遗漏了自己。习惯了用差不多的思维腔调说话办事。于是，告诫自己，抛弃那些自以为是的肢解和辨别吧，我们认为的好多美和不足，不过是一种伪善的，甚至是逃避的托词和借口，这让我们切断了自然和人的联系，让我们忘记了自觉和觉他，也忘记了纯粹和涵养，直到我们用全身心的力量，去找回那些被亲手抛却的美好的时候，才发现，那些最爱的人早已遍体鳞伤。

我在雪中思考着，也在雪中醉着、唱着。

雪是春天的序曲，当雪花扑面，你会察觉音符是冷冷的，那是一种带着庄严和慈爱的冷，在浑茫里抚慰着麻木的众生、人间的烟火，必定也有淡淡的哀怨和焦虑。让我知道，很多的时候，悲和欢就这么混杂在一起。不是简单的悲，也不是简单的欢，而是混沌、犷厉的旷美，惊悸于生命的刹那感动。

雪，扯地摇天，已是妙绝。

等雪，其实就是等一次欢歌，亦是等一场澡身浴德。

喜欢雪？！

哈哈，说明你这个人还不错哟……

丁酉 / 你还有个美丽的名字，叫作光明

醒了吃，吃了睡。

这几天我几乎把年过成了懒醉的时光。

煮上一壶普洱，等其沸腾，遥望窗外晴朗的远山，也把光阴拥入心怀。

元祐以为，过年是万家灯火里的炙热，可能是一朵花，花瓣从四处飞回，再度簇拥，也可能是花的影子；可能是翅膀，也可能是被翅膀拍疼的天空；可能是心脏，更可能是从心脏生出的梦想；可能是某一种渴望，也可能是某种渴望而不能朝夕相守的感情。当然，也许是丢弃，一如星星先丢弃自己，再丢弃苍穹。

春节，再美不过的假期。

本来一个字也不想说，一点儿的东西也不愿想，尤其深谙那些慌张的烟雨红尘，一如雕花的梦，再好也不过是幻了又幻。可是，你、你、你，还有你，身边的、远方的一生遇见，务必请原谅我一世又一世再见你时的愚痴顽劣，也借此表达我金鸡破晓的问候。

金鸡破晓，这是走向光明的最重要的象征和隐喻。我们唯有仰之弥坚，以电光石火的光芒，让自己绽放在盛世中华的天空，积极而

饱满地投入这个伟大的时代，方才不虚此行。

朋友说，五彩缤纷，只是瞳孔的映像，万籁盈天，只是耳膜的共鸣。这世界，本就不是有了风才有呼啸，本就不是有了太阳才有光。这世界，风依然在变幻，而光早已被根植在我们心中！

你还有个美丽的名字，叫作光明！

不负春光 / 不负明月 / 不负深情

丁酉上元夜。

我看到了料想中的完美，以及你的敏锐和光华，这便是诸事妥帖。

月，足够地圆，足够地亮。所以足以承载所有的心愿。煮几颗汤圆，心开始柔软，一切都变得暖暖的，言说不尽，这就是祝福。

万千仰望，是万千的期盼，也是万千的表白。赏月，无非是我在仔细打量每一张青春的脸，幸福的脸，沧桑的容颜。

月色灯火，参差流转，仿佛琴瑟和鸣。人心早已无力把持春天抵达之前的躁动，满街的眺望春天的人们，脚下又何尝不是春天的旋律。那些蛰伏了一个冬天的心事，正与大地一同醒来，除了仁爱，没有谁比天地更晓得深情。

月亮晃动着夜色中的灯影，也晃动着心怀里的微醺。月亮之于我，更多的归咎于精神，纯净无瑕，从澄澈到虚无。每一次皓月当空，我都莫名地坚信，在大规模虚无到来之夜，每个心灵都供奉着忠贞——怀念、期许、信仰和圆满。

以茶映月，只是为了邀约一片清明入盏，将缱绻的诗意打捞而起，起心动念间，仿佛庄生之梦蝶，惟恍惟惚。借此，把所有的秘而不宣都寄月光以慷慨，赋生命以庄严。你可以不语，但你必须倾听，倾听不远处渐近的雷鸣正逶迤向你我而来。问题是，我们是否准备好了相迎。

悲辛不说，良夜如何？月光重拾山海，今夜我目逆而来。

眼前的世界，背后的山河。盈盈的水云间，恬谧得无可表白，沉淀在光影里，擦肩那些端淑娴静的女子，仿佛红尘之外，不能说，不必说，不可说。

爱也罢，恨也罢；苍凉也罢，繁华也罢；沉寂也罢，喧嚣也罢，月在今夜把乾坤照亮。

不妄言，不妄做，不妄念，这就是明月启示我的人生。

今夜，水月燕山，溢彩流光。

奈何此心非琴，否则，我必与这月光轻和一曲，留上元一段清绝。

满船清梦压星河

时序 / 一场风雅飞花令

雪，说下就下。

奔跳、舞蹈，是去冬残留的最后一支舞曲，还是今春抑制不住的欢笑？

我没有答案。

上元之后，于小岛又赐一场春雪，真是妙极！

正午，车极少，当然要驭我追风，纵“马”这缭乱虚无之情状。

雪零星，而旋即蔚然。

因亢奋而风飞的尘土，不分眉眼，在我的牙齿间发出苍凉的声音。啐出，又挤进了另一种浓烈，还是甘愿了这无可奈何。

不错！

喜欢胜过所有道理，原则抵不过我乐意。

天越来越低，风越来越急，又有多少的落叶飞奔在路上，无欲无望。撞见我，也撞见雪花。无嗔亦无怒，只有闯入诗情的欢喜和自由放纵的狂野。

雪是天空褪去的翎羽。

飞扬，沉入大地，化作春雨。

一切不言，唯有教化。

徘徊着人间的情、红尘的梦，指向未来。

每一片雪都必将成为花瓣，没有人会再去联想冷。因为，此刻的它属于春天。

来得急，也许就意味着速去。大约十五千米的“信马”，天虽未晴好，但雪已不再下，车速也情不自禁地慢下来。仔细打量那地面上仅存的微薄，正在融化成水滴，滴入复苏的土地。

风依旧劲，尘已静默。

我伫立在春天里，也伫立在春天的对面，回味刚刚，淡然一笑。

时序，一场风雅飞花令。

天地，一生深情你我共。

浅水湾 / 你来过，我记得，便是永远

非不欲人见，亦非不欲见人。

夜色独往，去看星光的海，去看天河的月；看广阔，也看寂寥；看一瞬，也看永恒。

徐徐在夜的边缘、海的边缘、陆地的边缘、深渊的边缘，独对沉浑的鼓荡。

我知道，不是大海寂寞，也不是我无聊，突然造访这寂然凝虑的时空，纵万千思绪，无非明月一轮、海风一缕、涛声一阵、单车一辆与春心一枚而已，仿佛故乡。

背后，城市招摇的灯火；眼前，比海更深邃的遥夜。

一袭薄衫被冷风打量也被簇拥，被黑色包裹也被护佑。太仓稊米，一念湖心亭看雪，泽被风流，早已接受了所有。

一浪一浪来了又去，万千过往尽皆散落在浪花的碎片里，又旋即回归圆满。曾经的飞云卷雨，抑或浪掩金沙，风飞不累的鸟，溯流从之的鱼。哎呀！一脉脉的风动岸草，一幕幕的雨叩江帆，一任星摇灯火，月饮汪洋，就这样随着潮起，随着潮落。

慨慷独对，我是断然不肯把这意向交付世俗的。

就这样无欲无念地视听，心随海动，梦从风起。虽说这不是

春江花月夜，但谁又能说这不是悄焉动容、快意长歌呢？不知有多少天涯赤子的少年游，从此踏上新途；又有多少莫名的眺望，背北而南，构想属于自己的突围和成长，找寻对岸。

今夜来此，已非少年。蓦然长大的意味仿佛退去的潮水，它更需要的是回归集体的力量。对视岁月的生命歌哭，长城的灶火流烟，或者这躁动的潮头，月只是静静地看，看所有煞有介事的悲欢，无非一时的盘算，再苦再累也抵不过流年。何不把海水汹涌得再阔些，管他春雨下还未下，雷霆响还未响，究竟是没有什么可以惊退鹰飞和草长，也没有什么必要再度重提那些细碎的短长。

月光下，我仰望苍穹，仿佛所有的生命都在一起地长向天空，那一声声从冰雪的冬天而来的写满春天的欢呼，汹涌澎湃，无可逆转。

今夜，明月共我穿过黑夜照亮灯火。

今夜，车轮共我途经岸海大地飞歌。

今夜，昨夜，明夜，只是一夜。

浅水湾，你来过，我记得，便是永远！

浅水湾 / 你不在，我不在，谁还会在

夜，是找寻光明的眼。

夜的海，洪荒接续洪荒，层层叠叠，颠簸着来自星河的幻灭。

今夜我来，一如那夜的情不知所起，就想苹天苇地再听一阕潮汐的歌唱，或者看一池隐秘的洪流，管它示我于岁月的苦难，还是生命的欢歌，我根本不需要回答。

从来，每遇大水，我必是深情瞩望。之于海，如果遇见，绝不错过，更不必说这一骑绝尘地专程赶来。独对夜海，就是看浑厚和苍茫，就是看星系间各自作用和克制产生的力量，就是独对格局和坐标，也是独对悲悯和良知。

人生如梦，而我投入的是真情，所以我常常不知所措。正因为不知所措，所以我一直在改造自己，试图改造成世界喜欢的模样，结果是，越改造得彻底，越是辜负了自己。

卿以为如何？

烟霞明灭，总是有太多的疲惫需要用黑夜去补偿，才会满血复活；总是有太多的阴暗需要用光明去打点，否则便不必黎明。或者，只有一个人与沧海凛然独对的时候，才会安静地短暂放下，才会反复检视生命的伟大跟渺小、灵魂的神秘与崇高，然后把自己举上青天，同时，也低进尘埃，再给自己一个最最深情的拥抱。

来去的潮水，一如雨后的高晴，大概是偿还雨淹蚁穴的愧疚，或者只是为接回贪玩迷路的小蟹吧！一旦作如是想，我就会会心地一笑，笑天地多情的安排、无私的恩典，不为尧存，不为桀亡的大自觉、大自由跟大自在。

万千过往，总有些疼痛，比如创伤；总有些慌张，比如爱情；或者，总有些黑夜，比如白天；总有些大公，比如无我。说不清道不明，剪不断理还乱。

好吧，那就让夜的海给你回答，答案在风中飘荡，而有些人、有些事永远也找不到答案。其实，这是所有生命集体的宿命。只需能清楚晓得前路也是归途，就足够智慧。无论什么的力量都是盈亏往复、此消彼长的开始与消亡，而所有的意义就是你自己觉得有没有意义。

镜花水月，谁见真我？

白天的海，黑夜的海；过去的海，未来的海，无非一片喜怒无常的海。

回望城市欲望的灯火，我们到底是渴望一场平静的安宁和富足。既如此，就在今夜，我多想把浮艳的穷奢叫停，将那些一掷千金的酒宴，散于世间的饥寒。就像此时，一切都可以如此简单而不拘礼节。也就在此时，我多想，立刻把昏沉的大地完全叫醒，将去冬的残雪，化作汩汩的清流，昭告所有的生命，我们要积极而自觉参与到整个的春天。然后，再把自己灌醉，醉倒在天地宽广的胸前，像孩子一样，饿了就吃、渴了就喝、高兴了就疯跑，也和三两只蚂蚁玩上一下午，不长大、永远也不长大，或者只是好奇。

未见此海，此海与我同归于寂；既见此海，则此海的胸襟一下辽阔起来。

是因为我吗？

无边际的海呀！我在此岸，或者陆地亦不过是一只烟火的渔船。心一动，则海一动，终究是时光的灯影摇曳在眉目间，褶皱成山峦的模样。仰望星空，月白如水，一切仿佛雁去雁来的空无，终归一悟。

汤河 / 在天涯云水间温暖梦境

泛舟，在汤河的柔波里。

一条河，上接群山，下浸碧海，穿城而过。

振翅的鸥鸟，自南向北，逆流而风飞。飞过高扬的帆，飞过诗意的桥，飞过夹岸的丛林，飞过锦缎般的红飘带，也飞过两岸怒放的楼宇、阜盛的人烟，与晨炊的鸽群比肩而过。一时间，凤箫声动，顾盼着彼此的问候，生动、美丽、祥和。

旭日的光辉，迢遥如梦。从东至西弥漫开来，城市崭新的一天，从这一刻，已然蓬勃而崛起。

“大风起兮云飞扬，威加海内兮归故乡。”

在我的意绪里，海更意味着权力、威仪和疆域，而河才真正隐喻了故乡、记忆和深情。如果说，海是河的尽头，那么，河就是海的发端。初极淡，无色无味，之后的百转千回，才混杂了人间和大海的苦与涩。

威加海内是多么庄严宏大的愿景，而一切的宏大又归附于一根细小的神经，那就是回到故乡。所以，在我看来，河比海要更懂得悲悯和体恤，海属于格局，河属于情愫。无论谁，我确信，总有一条属于自己的河，始终流淌在我们今生今世的生命里。这条河或者不大，其实，根本就不必大；或者，经常会干了又盈，肥了又瘦；或者，从不被记载，但它注定深埋在少年的心里，也奔流在沧桑的梦里，它属于灵魂。

汤河，便是这样一条，好久也不见得想起，但永远也不能忘记的灵魂之河。

尤其喜欢这个“汤”字。

第一印象就是热，有情有义有温度；再就是想到妈妈包的水饺，味美多汁；还有夏王朝那个施仁政德化天下的伟大君王，商汤；或者都不尽然，但那又有什么关系呢？

一个“汤”字，注定了小岛的丰稔和安宁；一个“汤”字，暗合了万千黎庶稳稳的幸福。

汤之《盘铭》曰：“苟日新，日日新，又日新。”

河水潺缓，静静地砥砺着那些夙夜在公的人们，那些志存高远的人们，那些田园牧歌的人们，那些、那些贴近并眷恋这一方热土的人们。

这条河，横亘在山海的人间，与长城深情遥望。

这条河，游走在炫彩的花间，与大海互道暖凉。

这条河，也幽居在你我的心里，淘洗着懵懂的尘沙，读你的青春，我的芳华，在天涯云水间温暖梦境。

汤河 / 在星辉斑斓里放歌

春天，关乎每一个崭新的梦想。

独倚斜桥，看夕霞晚照，就这样随流水把心事放逐，或者就这样固执地凝视，怀想红尘里那些出色的人、美妙的事，以及其他。偶尔的一缕风，沉湎在一簇缱绻的波纹里，泛起琉璃的光泽，折叠出厚重的深情，其况味如丝如缕、如梦如幻。

眼前的这道水必是刚刚流经新犁的黑土、流经早春的麦田、流经低矮的人家，也刚刚流经初春的艳阳高照。这逶迤的汇聚，注定有不歇的向往，将黄昏的风物装点得意味深长。

无论远处飘风的山，还是眼底这游凉的河，抑或两岸拔地而起的楼宇，以及从沉睡里醒来不久的土地。一切的一切，包括我，此时最想做的就是热情地生长，以春天的姿态。而春天比冬天更像是从童话中走来，里面横亘一条自冰雪而来的河流，静谧无声，幽居在我的心里，流向大海，也流向和我一样未知的远方。

汤河，这条日夜流经家门的河，我知道在大江大河的赫赫名册里她籍籍无名，可是她要吗？她肯定不屑于虚名，只愿把自己托付给那个想她、念她、懂她的灵魂。

看河，渐入这巨大的夜，我是无意于城市灯火的。管它两岸怎样的满楼红袖，我更愿意把一轮明月比照未尽的夕阳，或者仅是一滴，一滴就要掉落的眼泪，在群山之上风吹不动，在星空之内悬而未决。她高于风，也高于一切的缘起缘灭，竟是心甘情愿地，以静影，沉璧于汤河清浅的柔波里，周围簇拥着璀璨的繁星，任鱼游过、任水漫过，任凭我的目光炽烈地驻留。

我爱这一池的布满星辰的河。当然，也爱那些沉默的石块、泛青的树枝，以及敦厚的石桥。一时间心神俱寂，又仿佛万籁有声，满足而自在。

我愿这一夜风飞不停，迎着风的方向，任凭万千的思绪，或囤积，或流放，或逐一消散了去。时光的记忆早随了河水流入永不干涸的海，沉睡与苏醒我不晓，但我确信无论种种都必是命运的结局，而命运从来就不曾有过结局。

夜深沉，仿佛一场甜蜜酣畅的等待，等待一场春雨春花的绽放。分明地感到万紫千红的繁华正分分秒秒地赶来，只是还娇喘着未到。

是的，小桥、烟雨、楼台，在今夜的汤河是完全派不上用场的，我更沉醉于这连黑带夜的一腔豪迈，因为这才是我想看到的，熟悉且真诚的夜的北方。

一直以为，每条水都有多个故乡，汤河亦不能外。

但，哪一个故乡注定都留不住她，这是她的宿命。撇开虚无，而今夜的来看你，如此之近，却又无异于我隔山阻水的眺望。尽管爱也无常，恨亦无常，但我仍始终坚信，无论怎样的天涯孤旅，总有属于每一个人的萍水相逢，而情终究是壮美星河里永远的王者。

今夜／这饮茶的光景

秋水秋风，此身此心。

一不留神，就隐入了秋天的怀抱。

置身其中，并不是在秋天现身的明晰此刻，而是在繁华盛极时，便提前领略了即将删繁就简的嶙峋身影，仙骨而来。

来是远方，去是远方，兀自在两个远方之间沉思自己。

眼光，转向与张力。

坐望秋的旷夜与星辰，于这一碗普洱茶的汤汁里感受教养。

爱的教养，以及被爱的教养。

不欲说话，一任沉默如夜，给我挟持和慰藉。或者说，不说话，才是一个人的完整。

一边恻隐，一边庄重，一边唏嘘不已。

俄而的一片落叶划过窗台，纤细的声响，也划过我的胸口，隐隐的痛和甜美，不知为何，羞与人说。

于是，才有了这有故事的人间。

承载谁如大地？

而任何的人或事，没有尊重、包涵和诚挚的给予就是人性的沦陷，亦是对庄严的枉顾和羞辱。

爱是初始的支撑，也是最后的依靠，感谢所有的抚慰和刺痛。

廖一梅说：“人这一生，遇到爱，遇到性，都不稀罕，稀罕的是遇到懂得。”

若无懂得，这一次人间宁肯不计。

俯仰尽是秋。

秋，是况味，是时间，也是风雨。

不知不觉，茶的汤汁已消了颜色，散了芬芳。

莞尔成此一念。

最好的爱，到最后都是默默的情怀。

爱就是慈悲和懂得

去年，也大约这个时段，有大约两次我到下房的时候，隐约听到了什么声响，起初也没怎么在意。一天，一连串足够惊悚的抓挠声让我确信，某个箱子里一定有什么会动的东西。当我侧耳仔细分辨时，一切却是极度的平静。

我胆子不大，虽是白天，也的确有些紧张。

怎么办？一番斗争后，我决定，必须要弄出个究竟。

于是，找来一把扫帚以壮行色，开始排查。

到了一个纸箱，我被眼前的一幕惊到了。里面毛茸茸的竟然有六只小猫崽儿，挤在一起。担心猫妈妈恰好回来，我赶紧关闭了门和窗，才一个个仔细打量这些“喵星人”，呆萌、天真、无赖，以手抚之，堪称绕指柔。

见生活垃圾好多，就把它们一个个移到另外的箱子，仔细帮它们收拾了卫生，找来些旧衣物和报纸铺好，又把它们放回来。一看时候不早了，估计猫妈妈早已急得不行，赶紧去开窗。就在开窗的一刹那，一双如炬的眼睛早已恭候，与我凛然对视。我先是一惊，然后选择安静地退后，退出。

我必须把时间和空间还给它们。

之后的若干次来下房，若遇到猫妈妈也在，我便若无其事地离开；不在的时候，我会过去仔细看一看快速成长的它们、逗耍一番。也弄了些肉或火腿肠之类的东西，供给猫妈妈。起初她吃过两次，后来不知何故，再就没有动过我给的食物。再后来的不知多少天它们就都不辞而别了。

就在昨天，我突然听到有异动，直觉告诉我，一定又该是见证奇迹的时候了。

我用不是很大声的喊话向周边发出信号，用一把雨伞“敲山震虎”，期待发现。

就像小时候的藏猫猫游戏，我的兵不厌诈终究得逞，一只“虎目圆睁”的大花猫从一个箱子里霍然站起，竖着耳朵，并发出强烈的警告声，仿佛随时准备与我战斗。

一闪念，哦？怎么是你？

眼前的这只猫竟是去年的那只。

短暂对峙后，好像都还记得彼此，一切瞬间缓和下来。

它确定我绝无恶意，便主动退离纸箱并跳到窗口蹲守，但始终密切关注我的一举一动。

猫毕竟是猫，而且是一只久在江湖上行走的猫。说时迟、那时快，我迅速将窗户关上，回手也把门关上，以防不测。

我仔细检查箱子，里面果然有“喵星”两只，慵懒地趴在毯子上，像极了油画，好喜欢它们深蓝游离的眼神，仿佛混沌初开的情状。本来最开始还有想把大猫驱离的强硬念头，只此一眼，便瞬间就烟消了尽。

不怕不怕，我当然不会伤害你们，“喵星人”！

这次我没有直接触碰它们，因为它们太小，担心有生人味儿，猫妈妈会不喜欢。

看着这两个幼小可贵的生命，望了望外面一天较一天寒冷的深秋，我摇摇头。无论如何也应该好好照顾它们，至少让它们有一个安定的家，天气再冷，只要你们在，窗户就会一直为你们而留，直到你们注定会不辞而别跨入江湖的某一夜。

我也知道，猫妈妈一定是因记忆而来，一定是因善念而来，一定因为相信而来，或者是因为不得已而来。但，至少有一条完全可以确定，它是因母爱而来。当然，无论哪一条，我都必须善以待之。

来啦，这里便是你们放心的家！

于是，我勇敢地打开窗户，不再担心猫妈妈会向我发动进攻，我要让它这就进来。

猫妈妈自是须臾未曾离开，一直坚定、忐忑、警惕地蹲守在窗外，深切地等我开窗的一刻，渴望答案。

我轻声地跟它说，你好啊老朋友，没事了，时间和空间都是你们的啦！

我佯作离开，猫妈妈于是纵身而入。

这一刻，爱，弥漫了整个的世界。

卧看满天云不动

中秋 / 让爱加倍有情

于秋。

这红衰翠减之时，重在觅得一眼清凉。

“花月宜佳人，松月益道者，萝月益隐逸，湖月益良朋。”

元祐以为，清寂幽远，当是这个季节最恰当的表情。

譬如今夜，朗月垂天，纤云都净。

这一轮刷天、刷屏、刷心的明月呀，照见你、照见我、照见众生，也必定照见过去、将来，迷失和苦厄。

古人，读书以香为友，独处以香为伴，夜以香薰，被以香暖，公堂之上，以香烘托庄严，松阁之下以香妆点儒雅。我等式微，今夜何不借一轮明月的机缘，共披琼宫之素华，去他的人间俗务，只尽物外之欢，何也？

沐手焚香，烹茶煮水，独对修竹数杆，滇红半盏，清风几缕，熏香一脉，明月一轮。既清雅，又烟火，加之苏子的“小饼如嚼月”，如入诗境，平淡而悠远，寂寥而芬芳。

一时间，得意而忘形，出尘而忘机。

心肝不觉一颤。

哦，原来这才是生活啊！

于是，那些沉重的叹息，那些砥砺的奋斗，那些被泪水打湿的泪，还有那些被风吹疼的风，突然间，竟突然是那么的真诚、积极而有意义。

岁月是如此的安然静好。

我确信，这一夜所有的人心大抵都是柔软的，每一个眼神都会散发出温切的探询，不论是隔着时间还是距离，也不论隔着梦境还是山水，就让我们借此良夜，天涯结旅，一同朝向花好月圆。

让心坚强笃定，让爱加倍有情。

秦皇岛 / 一座向美而生的城市

日月之行，星汉灿烂。

山海相拥处，一座光辉的城，独立而沉着，浪漫而多情。

推窗见山，开门见海，悠悠碧水，万绿丛林，是这座城市与生俱来的独特禀赋。

她的美不只是外在的惊艳，更是历史的美、人文的美、生态的美、创造的美，以及城市和乡村错落交织的美、直抵灵魂的旷达的美。她以历史之美，架构人文之美；以生态之美，彰显格局之美；以创造之美，回应上苍的恩宠。她的美，不同于妩媚的江南，也不同于粗犷的北国。她有的是天开海岳的浑茫气度、雄襟万里的辽远目光、碧海金沙的天地安排。

秦皇岛的美是历史的，也是现实的，它的本质是高贵。

夷齐风骨，让我们向德源而溯流；五峰山，让我们擎赤旗而逐梦；道德楷模，让我们向美而生；英雄事迹，让我们从善如流。秦皇岛贵就贵在依“天道”而行，这是底蕴，是血脉，是承载，也是良知。

这里的山是历史的一段，这里的水是时光的一节，这里的人是秦皇岛欢笑的脸谱。老龙头、碣石山、鸽子窝，终究是梦的轮廓，烟霞的四季也不过是秦皇岛的丰富表情。然而，你只懂秦皇岛的脸谱和表情是不够的，你要不断地走入她更广博的内心世界，它于世间万物终归是相辅相成、周到而体贴。

这是一座幸福、活力、爱心的城市；这是一座将崇尚自然、呵护生态融入创业与激情的城市；这是一座活力四射、志存高远、砥砺奋进的城市。过去的五年，夙兴夜寐的秦皇岛人，全情助力京津冀协同发展，自觉于实现民族复兴的伟大进程，比任何时候都更接近于实现沿海强市、美丽港城和国际化城市的美好愿景。

世界上，有些美让人窒息，有些美让人只剩膜拜，而秦皇岛的美让人爱如初恋，想亲吻，想拥抱，想凤凰于飞，情定三生，就此永恒。

今天 / 你和自己约了吗

喜欢一个人时不时地待一会儿，那是一段静美。

佛心道骨，千古须臾，呼啸而来，刹那而去。

独处中，我发现思想和肉体这二者的分工与合作，常常处于矛盾之中，也常常在商量该怎么办，究竟是谁该让谁一步的问题，若双龙之扶摇而直上，一会儿穿插而飞，一会儿合璧为一，斗而不破，飞而不离。

也常常听到这句话，我恨我自己！

可仔细想，你究竟恨的是谁？恨自己什么？

也试图找过答案，往往不了了之。

独处就是在一段时间空间内静下来，让自己和自己深度地交流与互动，发现自己、检讨自己、激励自己、温暖自己、融化自己。窃以为，经常沉溺于外物的时候很可能就是疏远自己的时候，人必须学会经常和自己对话、相处、和解。

对于个体来讲，我是一切的前提。

精神的我不完全，肉体的我也不完全。我，是二者以外又不离其中的另外的一个存在。他很特别，会经常围观精神和肉体的辩论、争斗与妥协，也将无可解脱地承担来自任何一方输赢带来的后果。比如冬天睡在暖暖的被窝里，半夜口渴，床头又没有备水，做梦也都在找，可是一想到外边好冷，就死活不肯出被窝，说什么也要挨到天亮，最后觉没睡好，水没喝成，你说到底是谁阻止了谁，遭罪的又是谁呢？又比如饮酒，思想亢奋要喝，身体反对无效，到头来人也醉、身也醉、心也醉，甚至于人也碎、身也碎、心也碎，成全了一个“悔”字。

当然，思想和肉体之于我好坏都将是一生最最亲密的兄弟，我是二者的衍生体。朋友难得，何况兄弟？一定要让这三者好好团结在一起，但要做到不怒不躁、不离不弃，心心相印、同频共振，很难。这三者的共存是必然的，但意见高度统一常常是时有时无的，也就是说一致短暂，有争议是常态。这争议就是源于各自的不同诉求，生而为烦恼，久之而成病。此三者，没有谁是谁的主人或谁是谁的仆人，彼此互为依存，有时想归想、做归做，一旦被执行就是三者合伙干的事，三者之间如影随形，须臾不离左右。三者的统一性越高，事情也会完成得越好，就叫心手合一，全身心投入；相反，就很难干得漂亮，往往表现为不在状态、不走心、游离或心不在焉。

所以，凡事都不是一个人在战斗，而是团队。

若三者化境为一，那么人生就会多些完满，少些憾事。

真正能医你的 / 不是医生是自己

一个人即是一个国家。

心是既近又遥不可见的都城，头脑是这个国家最大的高高在上的王，毛发血液骨骼即是纵横在国土上的森林、河流、山峦，胃肠肝脾肾等，无一不是这个国土上的机构和子民。它们各司其职、各自分担、各自协调，在王的支配下确保着国家机器的运转。

和，则国泰民安，海清河晏。不睦，人就会心意凌乱，生病，以至于动荡不安。

在这个国家里，哪里出问题，都会殃及全国，没有谁可以幸灾乐祸。也就是说，一切的好与坏大家都将一起去面对。所以，人的一生就是这个王怎样治理他的国度、对待他的子民，带着他们经历怎样的悲苦或繁华的一生。

如果王英明神武，一切都会积极而进取，吉祥且欢乐；反之，王若得过且过，不思进取，人民就会远离幸福，少有尊严。

所以，都城也好，边疆也罢，哪里都是你身体的一部分，哪里都需要爱和珍重，哪里都需要关照和安抚。你对它有多好，它就会对你有多拥戴、多忠诚。其实，对它好就是对自己好。譬如，你每天给脸施脂抹粉，它就会回你以美好和朱颜；又如那看似随便的一日三餐，你饿了它或撑了它，胃都会不高兴，就会疼，就会闹。到点儿你不给它吃饭，它当然不干，偶尔的一顿两顿它都可以忍你，可时间久了它就会以病痛的形式向你表达不满。就像我们上班，到点儿老板就要发工资一样，人家辛辛苦苦工作了一个月，该发钱的时候你给人家一拖再拖、一欠再欠，谁也不会高兴。问题是，不满的情绪会迅速地蔓延，时间久了，不是他一个病了，其他的也会病，大家都病了就如同民众聚众闹事。小打小闹；好吃好喝好言安抚一下也就没事了，就怕欠得太多，真的闹大了，都城可能从此沦陷，王位也可能从此不保。

于是，我们就会迫不及待请医生，医这痛、治这病。警察一顿打骂之后，事态或许可以暂时恢复平静，可是若不痛定思痛，一旦骚乱再起，汤汁和中药都将无济于事，只能再找更加强有力的，身体自然就会沦为流血厮杀的战场，就算战事平息，大兵之后，民生凋敝，百废待兴，我们还有机会、有能力还原一个风调雨顺、独立自主、安定团结的国家吗？

何况我们正一天不如一天地老去。

所以，你要爱惜你自己。

身未动 / 心已远

乙未秋，上海浦东。

一袭车队浩荡出城，沿长江一线逆势而西上。

江湖番号——勘路者。所谓勘路者，就是一队有车、任性、没事吃饱撑的、出去转山绕水、吃苦头、找虐、啸聚山林的闲散杂人。哈哈，当然完全不对。他们是志在江湖、心存社稷、血气方刚的社会精英。他们勘的是路，走的是心，冶炼的是人性，试图努力玩出成就，然后更骄傲地回到生活。

必须要说明的是，这条路不是被生活碾压出来的被迫之路，恰恰是因为热爱而自主作出的选择。是崇尚山水；是钟情明月；是致力于拜谒、追寻、叩问，看前人到处，到前人未到处；是一旦可能就要全力以赴实现儿时的梦、心中的夙愿，为喧嚣拥挤的都市生活找到一个灵魂的出口；是去践行对自由的渴望，把喜欢的事做成事业，把同类的人聚成伙伴，坚贞而热烈。他乡之于他们就是梦乡，就是诗和远方。

无兄弟，不越野。

这般出发的景象早已不是第一次，线也不是唯一的一条路线，车队也不只是出发时的这批人马，好多人将如约在路上集结。是志同道合让每个人愿意挤出时间结伴远行。每一次你可以计划出路线但无法预料出状况，所以最迷人的莫过于未知和可控，未知折射的是对陌生环境的新奇张望，可控表现的恰恰是人性的智慧、友爱与守望相助的光辉。

溯洄从之，道阻且长。

从开始，就注定这是一条艰辛但充满诱惑的路，只有心知道他们要的是什么。一次次的纵横颠簸都是你若不说我便不知道有多苦的欢乐行程。

贯旭，我的同学，手抓地图创始人，文静躁动，才气逼人，低调疏狂。他总会第一时间以各种影音图片文字发布见闻，告诉我们他和他的兄弟在远方的消息，而远方也有此刻就在我们头上的那一轮明月。

难忘每一次痛快淋漓后的累，一住进店就是轰然倒下的身躯，等到出发时必将是精神百倍的坚强站起。他们清醒地沉醉于那逶迤在大山中的人的渺小与谦卑，以及那远离人烟荒寒逼仄的寥廓与繁华，当然，还有对大自然的崇高敬畏和行为自觉。

又是秋高气爽，月朗风清。

我知道你们行将启程，我也知道远方的山水正在等你们欢会，远方的沉睡在等候你们唤醒，千里万里，那苍山负雪、大漠孤烟的风尘里一定有你们欢乐的歌声带我远行。

美，盛大，心开道路；

夜，温婉，梦出风尘。

陪伴 / 给父母最好的关怀

以创业谋生的名义，疯跑了若干个草长莺飞的四季，随着年纪的增长，我们要越来越向原点回归，就是要不断频密地回到父母的身边，一如儿时的陪伴，因为父母已年迈，到了该我们照顾的时候了。

小时候，我们常常拉着父母的衣襟躲在他们身后窥看世界，觉得最安全。后来"羽翼丰满"开始到外面飞翔，但无论飞多高多远，其实从来就没有飞出父母的视野，时空间总有一根无形的绳索，脐带般，从我们的腰间一直连着父母的心，就是怕我们在外面因坎坷而失意，因得意而失控，我们飞得越高越远越疾，他们就越担心，这根绳子就拉得越紧，他们承载的力也就越大越坚韧越艰辛，这就是父母之爱。

我知道，每一个四季、每一天、每一秒都有他们崭新的牵挂，而好些时间我们并没有把这份爱放在心上，甚至浑然不觉。摸爬滚打到现在才更明白，再大也是他们的孩子，再衣食无忧他们也有操不完的心，凡是他们认为好吃的都会为我们而留，哪怕一口，就会心满意足，这就是父母。

近几年，看到他们不时地生病，渐渐意识到衰老的步步迫近，他们已开始走健康的下坡路，所以是该把我们的心、身和手从“百忙中”抽出来扶他们一把的时候了。其实，当孩子的手从父母的手里挣脱的时候，父母的心境就已开始走向孤单。很多的父母在我们还没有成家的时候经常吵架，一旦之子于归，他们竟自觉不自觉地重归于好，终于知道只有这两个人才可相依为命。看到我们成家后的那份乐不思蜀，他们盼着抱孙子的那份心急，当然少不了想借孙子能把我们更多地留在身边。时间长了我们会发现，他们是那么爱我们的孩子——他们的孙子孙女儿，但细细感知，你还会发现究竟他们还是更爱他们自己的孩子——我们。

哎，想来想去父母的爱竟也是一个庞大的计划，充满着实难读懂的深刻隐情。

陪陪我们，这个要求他们绝不肯说，除非是在万不得已，他们是不愿意“惊动”我们的，他们始终有一个念头就是尽量不拖孩子的后腿，但凡自己能坚持做的事绝不“麻烦”我们。但，你会发现，他们会在节假日之前有事儿没事儿的电话特别频繁，要不就说过来吃个饭吧，或者说好不容易放个假在家歇歇吧，没时间就别来了，我们挺好的，天冷了，多穿点衣服，平时多喝点水，等等。可我们不可不知，这背后正是他们迫切的召唤。

星期礼拜、各种节日早塞满了他们的各种盼望。别以为他们退休在家，似乎可以寒尽不知年，可是竟比我们更渴望假日，有点像鲁迅之于闰土。鲁迅盼望下雪，是因为一下雪闰土就要来了。闰土的到来，则意味着最最快乐的时光的到来。他们渴望节假日甚于我们，因为假日一来至少有看到我们的可能。没有附加条件，只要来就好，再操劳也愿意，养儿育女的事他们习惯了，每次必是“极尽奢华”的酒菜。也曾跟父母说不要特意弄什么，他们要么说，平时也这样；要么说，总也不来还不做几个菜。总之，拦是拦不住的，必须遂了他们的心愿，因为这顿饭他们已经准备了一周两周甚至更久，已远远超出了饭菜本身的意义。但你必须清楚他们平时的生活水准绝不是这般“奢华”，而是“极简”。他们认为好吃的那个东西，一定会等我们来才会做的，绝不偏吃一口，看到你爱吃他们才高兴，这就是父母。所以请记得，每次吃父母做的饭菜尤其要多些赞美，这不仅是礼仪，也是体贴，更是感谢爸妈的另一种表白。

如果你愿意坐在床沿陪他们重温过去的陈年旧事，那最好不过了。开心的、不开心的，辉煌的、低落的，爸爸家族的、妈妈家族的，只要你想听他们都可以不厌其烦地去说，因为那些过往承载了他们太多不足为外人道的欢乐悲伤，他们很愿意与自己的孩子分享，是告诫是鼓励也是怀念，尽管一切都已失去意义。此间最好做一个极其认真听的听者，尽量不要打断，偶尔做些煞有介事的提问，以小孩子的懵懂，贴心地衬映父母的慈爱与威仪，若能看到父母由衷的一笑，便是一件非常幸福的事。若能毫不挑剔地挤在他们身边陪他们睡个午觉，那我们就更像一个听话懂事的好孩子了。

是的，多些回到父母身边吧，说会儿话、吃顿饭，形式和内容都很重要，有我们在身边，他们就莫名的喜悦和踏实。对他们来说，多早都不算早，多晚也不会嫌我们迟，但我们绝不可以以这个标准要求自己，不必洪荒，不可无力。

何况，我们真的没有像我们说的或父母以为的那么忙，你说是吗？

不雪 / 冬天不正经

2017 年，所剩无几。

历经又一个 365 天的“窑变”，溽热、怨怼、疼痛与霜风，将以何面目给自己个交代，恐怕也是麻木了，年却也是关，不谈也罢。

且说这天儿，冷是冷啦，但缺少些风雪的痴缠，吃火锅都爽不起来。

不雪，即是冬天不正经。这或许也是入冬以来好多朋友莫名的不开心的缘故吧！

连日，总能耳闻目睹从各地传来的关于雪的消息，越发盼望快些能有一场像样的雪，要是赶在新年之前，落给这清凉的大地，落给每一处等雪的心头，该有多好！

遗憾的是，上一波整个华北都差不多来了个遍，唯独没咱小岛的什么事儿。说好的宁落一群，不落一邻呢？就连唐山据悉都略略表示了，还说什么唐秦一家，我倒也是不信了。

小岛居北，别说不雪，私以为迟来都是错。

雪是对冬天的嘉许，也是喜迎新年的仪式。有雪的天地最感性，最诗意，也最干净。而所有的雪其实都是在衬托一个温暖的家，而家中正好有你等我。何况，每一个等雪的人，都有一颗意欲从头再来的心，焉可不雪，焉能不雪？

时光，绑架青春；现实，剥蚀梦想。

雪，我劝你速来，趁今夜我芳华正炽。

三山半落青天外

生活 / 除了要加油还要善于减负

苦难是用来折磨的，当然也是用来感谢的。

每个光鲜的背后，大概都曾经有一个不愿与人分享的、被泪水淋湿过的心路历程。

要么折磨而死，要么百炼成钢，而大多数都成了不成器的破铜烂铁。

我们一如终日逶迤在登山的路上，越年长越山高不胜寒，越攀爬越神虚体弱，累了，就应放下太多的没必要的辎重，往简单上来，轻装前行，直到重回天地初。

人世间的事情就是这样，你不经历就永远不会懂得，经历了却又往往难免于后悔当初。但转念一想，事情哪里有什么对错，人不是还在吗？诸多已逝的往事，以及不可预知的未来，记得也好，担心也罢，都没有关系，很多事情不必太过挤对自己，别人对咱怎样咱管不了，自己总要爱自己多一些。

所以，无论如何也要做自己的主人。

凡事不可不急，又不必太急；不可不求，亦不可强求。

人一辈子不容易，起伏跌宕，扑朔迷离，会有太多的意想不到，哪一件事都是有得有失，一桩桩、一件件莫不事出有因。当然，飘风不终朝，骤雨不终日。所以，风光不会永远，痛楚也不会永续，成败在你，一念之间。

一转眼，“70 后”最小的也 37 岁了，与“80、90 后”比显然不够叛逆，与“50 、60 后”比我们又欠“斯文”，尴尬地处在“斯文”与叛逆两不圆满的夹缝之中，不管怎样，也要试图做到最好，给前辈一个交代，更要给后来人一个交代。

父一辈，子一辈，一代人的“衰落”，必将是一代人的崛起。

所以，为人子就要侍奉好父母亲的晚年，再大也要学会做他们的小孩子，细听他们的话，和颜悦色，要学会讨教，耐心倾听他们一遍又一遍的“辉煌过去”；为人父母就养育好儿女，也不要总拿唐朝的理论来解决宋朝的事，这一辈子相逢，不知何世才能再见，不要太严苛，平等相待，保护好就好。

窃以为，是苦难逼迫出了希望，只是不要让太多的泪水淹没了太久的行程。

直到有一天，独倚孤松，坐看云起，你会忽然发现，故乡已远，尘世已疏，一切都成了眼底的云烟，心里还要裹挟着太多的遗憾和不安继续吗？

过去不必考，将来下一秒。

月从今夜白

来过，也是在这一年。

上一次是盛夏，这一次已是在深冬。

这是一个占地两千多亩的植物园——石家庄植物园，去城约20千米。好多的树木花草被天南地北地召集到这里，落户安家。在一个异乡人的眼里，一定有牵强，也一定有际会。不知这样的背井离乡是否也是一种创业；这样的寄居地是否也算作一个家？

天涯孤旅，感同身受，在这里没有谁比谁更孤单。

随会而来。入园的时候，偌大的植物园已沉浸在深冬夕阳的温暖色调里，周边是零星的村舍，炊烟袅袅，路放下我继续伸向远方。

再冷的天气，植物的气息也还是芳香浓郁的。千丛万树，虽不再是盛夏时那般丰盈滴翠、施粉凝脂，不过远处的群体感、近处的线条感、半明半暗的虚实感、繁华尽去的成熟感，铺陈开来，油画般，随着暮色而渐入苍茫，蔚为壮观。

匆匆饭后，迫不及待地跨向园中。枝条的疏影早已贴在玻璃窗上、铺在路上，月光满怀，夜风缓送，丝丝的一点冷。循着曲折的小径一路走来，开始总想踩在月光上，可刚一落脚，月光就似乎跳到脚面上，任你怎么快慢，竟也踏不上半寸。尽管如此，后来还是小心迈去，不敢奢念。

虽然植物园与城相去不远，但在这里我看到了城里久违的夜空。

天如穹顶，众星拱月。可毫无障碍地把目光投向遥远的天边，缥缈、深邃，恰似目光之于月光的天地追逐，忘情、极速。偶尔淡云抹月，如潮水般丝滑、缱绻。回过神时，已不知刚刚呈现的，是淡云还是轻风，而漫天那些一闪一闪的，也不知是星光还是我的泪光。浑然感动。

人在园中，园在月光中，月光在我眼中。

置身其中，总会有这种不知所措的逻辑，但此时恐怕也只会有这样蒙昧的逻辑才觉妥帖。

前方的路若有若无，似有无穷的吸引，召唤着我。走在继续，思考在继续，感动在继续。

灰色的线条是树木的影子，有的落在参差的池畔，一部分则探入水中；有的嵌在我身上，如雕花的服饰，是再好的工笔大师也难以画出的完美；有的憩在满地的枯叶上，而落叶或者也能借此再次跃上枝头，那是一种缄默沸腾的言欢。我俯下身去，多想触摸这跨越时空的幸福相逢，可是却一手的冰冷，尴尬这唐突的闯入。忽然发现幸福只是一种感觉，是顶好的老中医才能找到的那根脆弱、敏感的纤细神经。

草本的植物依偎在大地上，一副天地不言的顺从，很难想象它们曾经有怎样招蜂引蝶的怒放。原以为花草树木，尤其在这深冬的月下定是异常的寂寞。然而我错了，它们一刻也不曾寂寞，甚至是热闹的。有大地的呵护，有月光的沐浴，有夜风的轻拂，有对夏日的怀念，有对明春的向往，还有这如诗如画的造境。不置可否，此刻的孕育，正昭示一切蓬勃不日将卷土重来。若有寂寞，那或者只有我，有心此地？无意远方？

月光如此亲近我心，我心与树木花草一样等同。

掬一捧湖塘里的水，冰一样的凉。忽然想到老家的河水一定已结了一米厚的冰了，倘若和家乡的人说这里还没有结冰，他们一定会瞪大眼睛联想到传说中的遥远南方，而忽略我所在的位置。小的时候经常和父亲在这个季节，在夜色中出发去捕鱼，月亮似乎和今天的一样高、一样光明。路程远，雪又深，人又小，一脚深一脚浅的，到了地方往往已是黎明。说来已是大约20多年前的事了，只是记忆深刻。

盛夏来时所见的那些鱼早已难觅其踪，不在意它们可知我今夜无约的造访，倒是更关心它们是否储备了足够的阳光，可堪穿越这缺少温情的漫长。好在沿岸的水面被落叶覆盖着，密密的，厚厚的，像似鱼儿为过冬而搭建的茅草屋，但愿这情形真的能给它们些许温暖的慰藉。

偶尔也会看到一片片寒夜下簇拥着的竹林，那是一种集体的战栗，伤感已在所难免。无疑它们真的更适合在南方生长，即使不算太北方的冷它们也已经吃不消了，你搀我扶的，伤痕累累，凭谁都会怜悯它们所遭的罪、受的苦。君子固穷，破落无罪，但令人心寒。看来入乡随俗终归不是一件说到就能做到的事。

古人说：“身土不二。”

沙沙的响声，一定是它们对家乡的深切呼唤。

归来已是子夜，真不想脱去这满身的月光。这月夜丛林的幽会，究竟胜过了夏日姹紫嫣红的绽放。

雪不停 / 拿来醉你

雪天欲酒，大抵是一种情结。

前几天你问我，雪是不是该来了，来了好小酌一杯？

我说，可不？只是哪天不知，多远不晓。你只诡谲一笑，斥我油腔。

据说大雪节气的当天，小岛的局地究竟是落了几瓣雪花的。尽管稀薄，亦是应景。此后，天气倒是越发的冷了。越是冷，越是能感觉到雪的迫近，知其一定会来，迟点儿已然不算什么，我自是心甘情愿这一等再等，毕竟每一秒都是与雪的相向而行。

“胡风吹朔雪，千里度龙山。”

此刻，土地缄默，不必雷，你巍峨着从海的一侧破空而来。

山即刻不空，鸟即刻不闹。

风雪簌簌，依旧是当年熟悉的声响，像极了料峭的羽毛飞过鸿蒙。退隐的群山，半掩的楼宇，时空仿佛无经的道场，心神俱寂，万籁有声。我用手捧你、用衣襟拂你、用脸暖你，你要么顺指尖儿而滑落、要么逆衣襟而飞扬、要么贴脸颊而旋下，抑或是还原了最初的雨滴，蜜意柔情，演绎着久别重逢的悱恻缠绵。

你说，小雪怡情，大雪雄心，落雪时当为举杯时。

你说，雪天浪酒，或可安抚遍体鳞伤，或可放任一笑而过；

或可装点厚意，或可掩埋薄情；非酒无以抒豪迈，非酒无以慰飘零。一时间，仿佛全城都是你约下的酒局，微信交织，所有的人蠢蠢欲动。

既然，雪已至，最好是能与卿对饮，放它一个彻夜不羁的长谈。听你再把如有似无讲得浓墨重彩、也再听你把刻骨铭心说得不屑一顾。说难过也说欢喜，说故园也说他乡；说相遇也说别离，说永不相信也说再赌一回；说错爱也说不悔，说相拥也说转身的离去。直至，说到平静如水，安然而入睡。

犹记那夜，一杯再一杯后，你寄言快雪。说，风不过是摇摆的迟疑，雪花是冷到绝情的绽放，悲伤是痛苦中的有情，落叶是蹴罢秋千的枯萎，而每一寸严冬都指向成长，每一枚雪花也必将汇入春天的河流。不悲不喜、不知不觉间，你缘何泪流满面。

你还说，只有雪才会让冬天多趣而不凄冷。你还说，你从小就喜欢在雪里奔跑，不停地跑。你说怎么跑都不会累，也不会孤独，就算被冻伤了也不会哭泣。你又说，有时就算跑到了晴天也跑不出雪地，而有时多年竟都只是一个冬季。你还说，雪是所有人的童话，是只一想就会笑的向往。你还说，雪是大寂寞，也是大欢喜，多大多厚的雪都是为了迎候不远处的春光春草。

你说，雪，是另一种抚慰和懂得。

我劝你不要再喝，说你必是又要喝多了。你说，多了，就一跤一跤地跌在雪里，再英勇地爬起，实在起不来了，就以最盛大的姿势躺在雪里，但凭一腔酒力，放眼万古长空的如醉如痴，用暖热的身躯把雪地融化，化成滚烫的河流，然后借着一池碧潭飘雪，游到有你的对岸，再喝，然后歌兮舞兮，岂不快哉？

风过群山，雪飞满天。

开始想你，也想远方。而你和远方就在雪的背影里、酒的癫狂里，拥簇着我冷暖张弛的宿命。

我期待一夜的雪不停，刹那永恒，拿来醉你；也期待雪后的一天曙色，永恒刹那，拿来醒你。

此刻？对，就在刹那，就此永恒。

如此胡诌 / 慰心也好

总是苦于写点东西特别费劲，常常心意如花，却累于语言匮乏，一出手，稍有些姿色的文字好像哪个古人曾说过；再一出手，又好像哪个前人曾写过，苦闷于为什么不能有一句半句属于自己的原创。带着好久的困惑，沿着刚刚铺满新鲜落叶的公园小径，边走边想边悟，权且记下来，不知算不算一点心得。

你想，《诗经》的时代是诗歌最纯粹、最圣洁、最无意识、最无须标榜的时代。诗，何止是三百，在我的意识里是漫山遍野地绽放，俯拾皆是，几乎和阳光一样等量，和空气一样普及，属于并惠及那个时代的每一个人，人人皆是歌者，人人可堪受用，属于生活的自然而然的一部分。诗即是歌，歌即是诗，无处不在。而当下，能背诗会写诗看上去更像招摇过市的某些炫耀，竟是这般难堪。

魏晋约等于是诗歌的拓荒者，开始了有意识地创作，并借助诗歌的力量彰显意志，已开始有了关乎政治的某些情绪。因此，成就了高标孤傲的士一族，定义了为后人敬仰膜拜的魏晋风流。到了唐朝，诗人们有了成片的良田美池，自然收获了历史上最好的米和鱼。

唐诗，为我们隆起了一座傲视千古的高峰。然而，历史不应非要立起来去审视有些存在，比如诗歌就是要像地图一样铺平了看。大唐是诗歌的肥田沃土，到宋朝陆地上的旱田开垦殆尽，诗人们一看还有大面积的水田可以耕种，所以宋词湿漉漉地成长起来，但终归不再像唐诗那样阳气十足，开放自信，涌动着金色的无边麦浪，而是充满着心思、文弱和经营的稻田，惊艳哀婉，有女子般的敏感纤弱，但足以撑起一个时代。再往后，元朝的曲、明清的小说只好开辟荒山梯田，虽难产好米，但终也能积少成多、以量果腹、养家糊口。

时至今天，再次打开诗歌的地图审视，剩下的只有少得可怜的边角料。这是事实，先人留给了我们无尽的诗歌成品，但留给我们可以耕种的土地却少得可怜且贫瘠，诸如沼泽、荒地和滩涂，既偏且远。偏远处，我们仍青丝白发地追寻着和他们一样的诗人的梦想，抑或深埋在他们高大的背影下，踉跄着前行。可以肯定，李白、杜甫、白居易无疑是诗歌史上最大的“土豪”，我们只能在梦里想一想他们是何等的富贵奢华。

然而，我们的确是在这个尴尬的区间上，就连语言文字关恐怕都过不了。

我们的对于语言文字的把控能力退化得实在是太多了、太远了、太久了。当然，语言环境实在也是变了，这无异于生不逢时。就像开矿，有的是富矿但不优质，有的少得可怜却颗颗足金，有的既富又优，有的则既少且贫，又怨不得谁。这就是要看每个人的命运，分到了哪块地，承包了哪座山。那块地和那座山一开始就已决定了你能种出什么庄稼，采出什么宝石，远不是靠勤奋和智慧所能为的。就像去年和朋友去采摘葡萄，一帮人钻进了道西的葡萄园，一些人则进了道东的园子，结果出来后，东边的葡萄明显甜过西边的，十个有九个特别甜，剩下的也比西园采来的最甜的那个甜。一问园子的主人，主人说两边的品种不一样，一边偏甜一边偏酸。

原来命运给你放到那个园子时候就已经注定了你将会获得什么样的果子。想到了这些，一时心里好受多了。

这样胡诌，慰心也好。

闲言挥麈柄 / 清步掩蜗庐

《闲言集》。

2009 年，我出版的一本所谓诗集，转眼间七年过去，本来已无话可说，奈何潮湿太久，今聊借秋阳晒于大荒之野，以示执子之手，恩爱如初。

姑且，摘小诗两首以为暖场。

青 城 山

青城天下幽，泉气锁清秋。
熙攘游人路，虚无道士粥。

颂 月

谁把诗天挂，玲珑杯满茶。
一轮疆有界，千里照无涯。

《闲言集》自序

“闲言挥麈柄，清步掩蜗庐。”

这是唐代诗人杨巨源《郊居秋日酬奚赞府见寄》中的一句。诗人于诗中，飘飘洒洒，悠然自得，一派神仙模样，直指我心神的向往，我很是喜欢，就索性从中借过来“闲言”二字，作为此集子的名字，以壮行色。

喜欢读古诗，愿意向其中靠近，并努力做些体验。这种情景就像小时候看电影《少林寺》，看后也学着舞枪弄棒，自我玩耍一番。所学尚勤，所得甚浅，虽无半点章法，依旧可以多有沉醉。

沉醉其中已有几年光景，不敢求玄，只是心觅，尽最大可能忠于内心的想法和情感。我写的所谓的诗，是我与心灵打交道的媒介。借此，随性把所想、所思，用能力之内最能表达我心意的那些字组织成语句，再删繁就简，按照诗歌的格式，摆出诗歌的样子，吐而后快罢了。大抵依附于心意的需要，在乎心灵的过往，欢喜抑或疼痛。也尽可能遵循声律，但绝不拘泥于声律，近乎随心所欲，云所欲云。当然，其中的欢喜、忧愁，以及对于古典诗歌的崇高敬意，心是知道的。

文者，纹也。要有花纹，要美。

梁衡说：“文章应是为思想和美感而写。”也是这个意思。自从有悟，我就这样去不懈追求。很多时候，宁可平仄有悖，也不肯以词害意，偶尔一句自以为精彩，也曾喜不自胜。

“轻风小桨，荡出芦花港。得意当歌，夜静声偏朗。无人赏，自家拍掌，唱得千山响。”我也会常常这样鼓励自己。

关于集子，就如我是一个牧羊人，田园牧歌般，有心无心地养了几只羊，随后羊群越来越壮大，你知道，羊多了的时候就不能散养了，于是就把他们集中起来，围到圈里，形成一个集体，然后依据出生的时间、背景，赋予的情绪、使命，分别给他们起一个名字，登记造册，也好闲暇时给自己一个虚荣的簇拥，借此回忆自己心灵曾触及的远方、漂泊或向往，如此而已。

“有我之境，以我观物，故物皆著我之色彩。”

我喜欢思绪由心而纸的切换中，那份只属于自己的自由、自觉、自主、自以为是，以及一个人向高高山上行，浊浪滔天；一个人向深深海底行，簸土扬尘的点点禅意。

我诗写我纸，我纸映我心，我心载我爱。

沉醉其中，粗成付梓，是以为序。

经典就是祖宗的叮咛

买经典就是买种子，以种心田。

读经典就是耕田，付出多者得丰收。

第一遍着眼于全部的土地，解决要什么的问题；第二遍着眼于每一片庄稼的具体成长，解决怎样耕作的问题；第三遍着眼于收获，解决颗粒归仓的问题。

还有，那些丰收的稻谷即便是已装进了自家的仓廪，名义上是我们的，但不足以确保为我们所用，若夜黑风高被人偷了去，岂不就成了别人的了？书架上舍不得吃舍不得喝买来的那些典籍，你若不去读，知识也只是沉睡，充其量只是装点了书房、风雅了谈资，就像那些稻谷，真正煮熟了吃到了你的肚子里转化成了生命的动力，那才真正是你的。

经典中那些给我们生命启迪和力量的精华，往往散落在、氤氲在整个文章之中，就像白米被稻壳紧密包裹一样，只有剥掉那些粉饰浮华的外衣才会裸露出你要的美，何况经典颗颗金贵、字字闪光，璨若星河。

当然，再美也要被发现。

当下文章以鸡汤为最宠，于微信“朋友圈”尤为疯传。

鸡汤就像快餐，充一时之饥，曲意浮情，是小药小方，难医大疾，自然难续永康；经典则是为了构建和塑造，是关乎今生的格局。鸡汤不过一时之暖，无非断经典之章而取义，看完也就完了，不深不透不彻底；经典则不同，起初酸涩难咀，拿下了就是一生永远的江山，其中有无尽的宝藏，受用的是终生，就算活不清楚，或能死得明白。鸡汤是向山下曲折、跌宕、潆洄的那弯溪水，妩媚动人，但终归归于尘俗，泯入涣散；经典则是向山顶进发的那条满布荆棘、险象环生的陡峭的山路，每一步都是艰辛，都是不同的风景、不同的境界，它给你的是力量、胆识、视野、胸怀，更是生命的指引、祖宗的叮咛。

好好读一读那些被我们常常冷落的经典吧，其中一定有你我想要的答案。

诵读之于我们每一个人总是刻不容缓。

朋友，今天你读了吗？

自在飞花轻似梦

式微，式微，胡不归

“式微，式微，胡不归？”

天色渐晚，雾浸一天的城市，到了这个时候反倒澄澈、透亮起来，直叫人有些不知所措。

日衔夕山的大幕下，高低错落的楼宇，就像浴血冲出重围的军队，重新回归气薄云天的凛凛阵仗。半是夕阳的晚照，半是不舍的黄昏，绵延展去。

辛劳一天的上班族，早早已把心思调向了回家的方向，尽管手头上还多有忙碌，看上去依旧云里雾里，然而一切只是在匆匆收工。

夜色归途，四周的灯火次第点亮。

太阳落山就要赶快回家，这是打小就养成在我心中不变的意向。想起《诗经》中“式微，式微，胡不归”的翘首期盼；想起“日之夕矣，羊牛下来。君子于役，如之何勿思”的温艳感伤，离家那么久了，还有谁会比我的心思更迷惘、沉郁呢？天色已晚，是该回家吃饭了！可是此时我唯一能做的就是继续留在你遥望的远方。

迈向这无边的夜色的时候，孑然无朋，任由“虐待”。如若没有一个人、一个家在前方款款等待，就算怀着一颗永不迷失的心，那也将是一个苍白无力的期许。不过，十分钟后迎接我的将有驿站，是我在这里的住所。有什么关系呢？人生所置又哪里不是驿站呢？何况那里是心与心集结、欢会的地方，当你知道我已回到这里，你就会放下心来，还有什么会比这更令人欣慰吗？路尽一生，纵艰辛一路的风尘泥沼，也许只是在等待一个人无语深情地呼唤你回来——“式微，式微，胡不归？”只有被这样的万千眺望，才会砥砺“丈夫志四海，万里犹比邻”的坚定信念。知道远方有你，才不凄然于天涯相望、身隔万海的距离。

黑夜是厚重的存在，当然也是温情的给予，掩埋而不死亡一切，只求不让一切入你眼，担心你像白天一样被缤纷的色彩迷惑，于是黑夜更像是一种母亲式的安慰。所以，不要为黑夜愁苦，要学会在黑夜中习惯等待、学会思考、感恩关爱，抓紧时间在天亮前规划前程和去路。因为不管你愿不愿意，黑夜和白天都要届时交接，之后就是你想要的万丈阳光，竟是黑夜考验你如何开启新的一天的珍贵礼物。

夜色中的行进总是让我们比白天步履更坚定、更专注。

看不清路人的脸，也不必看清彼此的脸。但我确信那一张张脸上一定是有彼此一天中最天然无饰的表情，不必打量，不必问候，你有你的目标，我有我的方向。擦肩而过时我已向你示意祝福。

群居不倚，独立不惧。

心甘情愿这黑色的“虐待”，知道你在想我，只是，我一时还止不住回家的奢望。

爱就是你能纵我天地飞

每天从胡同穿过的时候，都会看到那七八个鸟笼，高高低低挂在树干上，叫不出里面鸟的名字，路过时我们只是隔笼相望，看彼此各自忧伤的眼睛，偶尔它们会漫不经心地叫上几声，说不上好听也说不上难听，我自是听不懂它们究竟的表达，但每一声的叫都会让我心酸好一阵子。转眼半年过去，实在是不知道已酸过多少次，常常在想，要是换作蹲在里面的是我该会是怎样呢？

在和这个城市朝夕相处的半年里，印象里见过的鸟，除此七八只鸟以外，就是我所住公寓窗檐上寄居的那几只灰黑的麻雀，虽然没有笼中鸟们的不菲的身价、高贵的血统和美丽的羽毛，却着实比它们幸福得多、快乐得多。躺在床上就能经常看到它们在檐头、在临窗的树枝上，或嬉戏、或追逐、或打闹，过着它们简单、自由、随意的生活，就很高兴。

多想那笼中的鸟也能过上这样的日子！

所以，每次经过那几个笼子时，我都会不经意地把它们的命运和一个故事联系到一起，为它们也为自己一遍又一遍地在心中讲述。

话说当年，达摩祖师从印度来东土已有几载，仍是到处冷遇，不契佛缘。一天，在苦行的路上见到了这么一只古怪精灵的鹦鹉，它被困在笼子里头，想飞出去，什么方法都用过了，但就是出不去。恰逢达摩祖师从此路过，它就向祖师念道："西来意、西来意，请您教我出笼计。"达摩祖师很高兴，自入东土，还没有人识得佛身。就走近会心地告诉它："出笼计、出笼计，两腿一蹬，两眼闭，这便是你的出笼计。"那鹦鹉一听瞬间顿悟，于是约莫着主人快回来了，就伸直两腿，闭起双眼，躺在笼子里装死。它的主人回来一看，忙把笼子打开想看个究竟，鹦鹉一看机会来了，一展翅就飞走了，从此自由。

这个故事，讲给它们也讲给自己，就是盼望它们也有这样的智慧，有这样的一个机会，盼望它们也有一天能冲出桎梏，不再做这被人类恩宠有加的豢养之囚，同时也替人类的妄顾谢罪。

我确定每一个养鸟的人把鸟锁在笼子里都不是为了虐待，相反是因为喜爱，可是当你给它置办最好的笼子，对它百般呵护时，它已成为一个可怜的个体。看上去不愁吃不愁喝，也不用经历风雨，然而你可知道它有多么不幸福、不快乐，它失去的除了飞翔，还有与同伴相追随，以及和大自然共风雨的欢乐忧伤。就连那个朝生而暮死的小小蜉蝣，"蚕食而不饮，二十二日而化；蝉饮而不食，三十日而蜕；蜉蝣不食不饮，三日而死"，终其一生的蜕变也只是为了能有一次短暂的飞翔！何况鸟的天性就是飞翔，若没有了飞翔它们还指望什么呢？自此，我也确定笼中养的已不再是鸟，而是一入豪宅深似海的孤独和绝望。

若以天下之为网，则雀无所逃，我们生而为人，借爱的名义，禁之以软，情何以堪？还好，鸟总不会速死，无非抑郁，或得善终，较那些被网了去做了下酒菜的同类，总还是不幸中的万幸，幸耶！悲耶！

真想以达摩祖师的般若力、菩提心，用最深的歉意帮它们飞走，带上我的祝愿，飞向无边的自由。

我写此纸时 / 心如春江水

夜。

难眠，意绪纷飞。

喜欢这样地被黑暗重重包裹，以心灯照夜。

记得小时候，一如这样的夜，是在豆粒大的油灯下，或者在带罩的马提灯下“苦读”的，偶尔用铅笔尖轻轻挑一下打卷的灯芯，一个小孩子的心就会和火苗儿一起跳动起来，无忧且无虑，而长大后却片刻难逢这样的瞬间。

夜越深越靠近黎明。

最是约谈自己的飘摇灵魂的时候，把思想中渗出的丝丝缕缕转化成文字，找寻心底有如大海最深处久违的那份安宁，也会自我梳理或辩驳很多事情。

写下所思所想是我对夜色殷切的挽留和庄严的托付，因为我深知天一亮这世界将瞬间复活，一切将再次归于喧嚣和沸腾，我又要不由自主地加入其中，继续穿越那些老谋深算的街道，去面对喜怒无常的人情和命运，于夜我不敢挥霍。

暗夜问心，这是“但自怀中解垢衣”的坦荡，喧无可喧，寂无可寂，妙不可言。

值此一刻，才发现平日里实在是忽略了太多欢乐、渲染太多感伤，以至于吃饭的时候不肯吃饭，百种思索；睡觉的时候不肯睡，千般计较，错过了身边的草长、檐下的风鸣，错过了那么多那么多花好月圆的妩媚时节。

是没有时间吗？不是，是浮躁暗淡了那份风花雪月的情怀。

月光满纸，遥心眷想，忍不住写点东西。

小学五年级的时候，自己的作文就常常被老师当作范文念给同学们，得意过，后来，直到现在我始终认为自己的作文水平实在不怎么样，更不愿意写那种命题的作文，怕的是那几条要求和有形无形的老师的眼睛，如绳索般捆绑住我的手脚。

现在是长大了，终于可以想写什么就写什么，怎么想就怎么写了。

东汉蔡邕在谈及书法时说："欲书先散怀抱，任情恣肆，然后书之。"我给他的书论进行了一下变通，就是欲写之，先读之。就是大量读书，经典的更要反复读，期间不写东西，只是专心背诵、记录、思考和领悟。等读过的文章如食物般转化成我身体中的营养，烂在心里时，就可以动笔，顺着先贤的启迪、循着如塔的光亮，将感悟到的天真、想象出的浪漫、体会到的寥廓，一一在纸上呈现，就欢欣不已。

我喜欢读老一点的书，原因是言简意赅，譬如说老子的《道德经》八十一章，不过五千字，说尽了天地玄虚；孔子的《论语》共二十章，也不过二万字，阐明了不朽的伦理。读百遍有百遍的收获，看千年有千年的发现，受用无穷。之于现代的，我很少看，主要是动辄几十万字，看得好累，冗长拖沓，千年一遍，到后来回头一望，也不抵老庄的半字真言，不读也罢。

习惯把书、笔、本放在枕边，以备随时翻阅或记录，一有灵感的造访，亦可旋即捕捉，包括梦中得来的东西。有时候是寥寥几字，有时一发也可三五百言不止，内容杂七杂八，不管好与坏，孤芳自赏。笔尖上的墨就如同思绪的另一端，极尽自由，就像河水，确切地说像溪水，自由自在地流过原野、流过麦田、流过村庄、流向任何心灵所指的方向——未来的、眼前的，或者是曾经的远方。像画画一样，把心中的色彩郑重地涂在画布上，浸入欢愁，如山间流云，自在而行，随心而至。日日有，就天天记。窃以为，有得的时候，就是记得的时候，记下来就是历史的一刻，回想起来就是会心的一刻，积累起来就是丰收的一刻，等到老了的时候就成了借此盘点过去的时刻，如抚足底，甘苦自知。

无他，一切尽可入纸。

“我写此纸时，心如春江水，江心随我开，江水随我起。”

有此一句多情陪伴，今夜可以安然。

心即是城 / 别让城里装进太多不安

何所谓城？

《说文解字》释曰：“城，以盛民也。”

沿着这样的意向，眼前忽现的，是一座唯恍唯惚、人烟阜盛的古代都市。

巍峨的城楼、凛凛的士兵、飞扬的旗帜、挈妇将雏，往来穿梭的百姓黎民。叫卖声、嬉闹声、低吟浅唱声，混杂着钟鼓楼的钟声、鼓声，充盈在民众的闲适生活里，渺茫迂回，仿佛飘然远去，又纷至沓来、不绝于耳。周边是星系般或散落或聚集的低矮村落，余烟袅袅，牧歌阵阵，缥缈在无垠的广袤田畴，云走鸢飞。是具体，是传奇，更像梦中曾经的游历，醒来又残缺不全，且美到极致的轮廓和版图。

可那又何尝不是帝王将相的繁华梦、朝代更迭的离散曲、黎民百姓爱恨纠结的一帘幽梦呢？

“城头变幻大王旗”，那是过去的好多城都经历过的惨痛悲歌。

“潮打空城寂寞回”，那是六朝古都南京挥之不去的伤心记忆。

“洛阳城里见秋风”，那是诗人旅居异地怀念故乡的动情歌唱。

过去是梦，转过头来，将来还是梦，而眼前竟是刻骨铭心的现实，所有的人都在宿命间交错挣扎，我们究竟是重新来过还是刚刚从梦里醒来，答案却总是在风中飘荡，没人给我安慰。

纵观古今，现代的城较之古代的城从规模上来说已有很大不同，居民动辄百万千万计，人口往往超过过去的一个或几个诸侯国居民的总和，疆域更加辽阔，经济更加繁荣，气象更加雄伟，不曾改变的唯有悲欢离合依旧。

以古都北京、西安、南京为例，过去的城已成为此时的城的一个小小的核，是名副其实的城中之城，然后三环、四环、五环向外漫去，似乎模糊了城市与乡村的界限，一切只能靠你的心灵去勘定。

城是我们心中的结。

有人走进去，有人要出来，有人一辈子也没走出城，也有人一辈子也没有走进过。尽管如此，我们仍不能否定我们对城的留恋与向往。

城要装得下黎民百姓和市井人烟才有意义。

一如人心，人心里也只有装得下别人才会更殷实，若只装着自己，那必是一颗残缺的、唯我的、孤独的、充盈满满却空无一物的心。内心不可没有骄傲，因为骄傲可以超越年龄，也可以超越任何处境，比如秋天的灿烂以及冬天的冷，成为自己的符号印记，但是谁也跨不过岁月和虚无。

我心即我城。

城的格局就是我们做人的格局，只是放得太隐蔽，就连我们自己也不得一见，一直为我们高悬在那里，放不下牵挂和叮咛，而我们又很少向它问一声辛劳。它只是乐也无声痛也无声地随我们一辈子又一辈子，循着欲望的呼唤，翻山越岭，来到现实、来到梦境，来到这不罢不休、不寐不醒的人世间，听我们爱恨纠缠，看惯善恶忠奸。

这座城池，每时每刻都经受着生活浪潮的拍打，那朵朵跳跃的浪花，常常是乘兴而来，长叹而归，寂然而逝。可是，不管怎样，有了城我们才有家才有归属，才会有一个现世的安稳；有了城，我们的出发才会有巩固的根基以及不畏辛劳的创造。人人皆有，但人人却链接着不同的命运。

“心之官，者则思也。”思就是意念。意念就是心的使者，千年万古，瞬间抵达，万死不辞。看到自己形单影只，任谁也往往会感到孤单，其实心无所谓流浪，心难受是因可怜那个饱受折磨的躯体而已，是那个不争气的躯体囚禁了你那颗本来也可以飞扬的心。

结论是，身是心的奴仆，心是身的囚徒。

它们有时伙同一气，疯狂的时候；有时又势不两立，凛然相对的时候。别说谁是你的敌人，也别说谁是你的朋友，你的身和你的心就是一对冤家对头，烦恼就来自他们不休的争吵、斗争。我们常常说闹心，闹心是什么？闹心就是城里有点乱、有些不安。我们或许过去混蛋过，或许还在混蛋着，切莫在绝望的时候才想到未来。有时候我们疲惫地走完一生，也难弥合心与身各自狭隘和固执的主张，我们的死其实是为他们的斗争而死。但无论如何，心终归是我们最初的家。就像是一个人在一个黑漆漆的未知的山洞里穿越，伸手不见五指，如果一直向前走又一直什么也摸不到，就会感觉生无着落、死又不甘，突然一下子触到了熟悉的物体，就会惊喜异常、安静许多，依靠感也就来了，似乎就算此刻束手待毙，也会觉得放松得多、好受得多。

如是，人只有被放在框里才觉得安全，比如说房子、汽车，甚至死了还要放到棺材里。怕的是什么？怕的就是触摸不到边、找不到底、丧失凭借、无以为家的恐惧。

我就曾想如果我哪一天不幸失落在深山老林或茫茫戈壁，四顾茫茫间遇到一群饿狼将我包围，在反抗毫无意义的情况下，趁悲剧还没有发生，那我一定做出一个连我都不信的听天由命的“自救”，就是随便用什么绕着自己结结实实地画一个封闭的圆圈，然后面对头狼闭上眼睛，端坐其间，集中全部心智叫自己身心安静而坚毅，以神的姿态，只去想那个看似线条的万仞宫墙，若耳边又传来高山流水的悠扬琴声，我确定我已掌握了自己的命运。

这就是城带给我的生存鼓励。

我们要允许我们的城中开酒馆、开当铺、开银行，允许叫卖声、允许交流、允许往来、允许吵闹和拥挤，要学会融而不争、疏而不堵。我一直在想，一个人心里只有装得下悲欢离合的嘈杂市井，才有可能装下善恶美丑的百味人生；只有装得下风雨霜雪的春夏秋冬，才有可能装得下祸福难料的岁岁年年。

能容纳，是一种提倡；可容纳，是一种本事。

夜色又来，满街的夺路而走的人们。回家，让城暂时平静。

旭日东升，照亮了我沉睡了一夜的城，我们又要出城到田间，太阳落山时我们再回来城里。有了这个可以幸福的城，我们的梦乡才会花开似锦。

所以，心不能痛，城不能乱。心痛、城乱就是城里的人哭了。

喜极而泣另当别论。

眼前又浮现出那座唯恍唯惚的城，近在咫尺，又遥不可及，和我凛凛相对，当我走过去想叩响城门的时候，我突然发现我的手已然轻抚我心。

犹记那梦里的因缘

东北的黑土地之于燕赵大地远隔数千里。

小时候在课本中知道河北的赵县有赵州桥。三十多年间赵州桥在我的意象之间，是一座桥，仿佛又不是一座桥，在我与遥远和想象之间有无。

一生有很多这样的时候，童年的记忆印在脑海里，成为长大后的一种向往，而只有在机缘契合的时候才会走近。

赵州桥天下驰名，与赵州桥同样驰名的还有柏林禅寺。遗憾的是知道柏林禅寺只是在近十年间的某一天。偶然的机会得到一本《禅》，是河北省佛协出版的，一本双月刊。自此便忘不了柏林禅寺，也曾无数次在心中描绘它的庄严气象。

来石已是一月有余，一直想去赵县，去约会那座桥，去游谒那座寺。

8 月 15 日，星期六。

一个人，心无挂碍，经过几次讯问，辗转来到石家庄南郊客运站，坐上公交车风尘而去，虽不辨南北，但我深知一颗心正朝向赵州。一路的村庄和田野，一路的听不太懂的乡音俚语，原汁原味的他乡气息。

大约 50 分钟，到达柏林禅寺——石塔路 29 号。

放下众生，车继续摇摇晃晃而去。抬眼就是柏林禅寺，高大的山门迎接了我。

这里不收门票，游客可自行出入。

山门是寺院的外门，由横成一排的三个门组成，当中是正门，门额高耸，金匾前倾，上书“柏林禅寺”四字，由当年中国佛教协会会长赵朴初先生题写。正门两侧挂着一副对联，上联“寺藏真迹千秋塔”，下联“门对赵州万里桥”。此联私意以为大概是化于杜甫名句“窗含西岭千秋雪，门泊东吴万里船”。寥寥十数字，一座距今 1800 年历史的古寺便赫然眼前，宁静、安详、开阔、大气。

我知道再向前一步，就跨进了佛门。也就在那即将跨入的一刹那间，我还是不经意地完成了一次回望：滚动的车流、匆匆的脚步、嘈杂的叫卖声，一切，我熟悉的那个娑婆的世界。

一抱红墙，一座山门，这边是俗世，那边是佛国。于俗来说，山门就是界，而于佛来讲，佛本无界。

古塔、香烟、大殿、膜拜，身边轻盈走过的僧人，殿堂檐角的铁马（悬挂的铁制风铃）闻风而动，和着如潮的诵经声，应答着隐约的粒粒鸟鸣。值此一刻，一颗浮躁的心沉下来，温和而平静。

这是一片历尽劫波的净地。

1987 年，今日柏林禅寺的所在地，寺已无有，门庭萧条，钟板失响，断壁残垣，蔓草荒烟，唯有残破的赵州塔与二十几株古柏形影相吊。1700 余年的古刹竟无一座佛殿、一尊佛像。面对此景，净慧法师不禁潸然泪下，发愿兴复祖庭，并写下两首诗：

其　一

来参真迹观音院，何幸国师塔尚存！
寂寂禅风千载后，庭前柏子待何人？

草木知春不久归

其　二

一塔孤高老赵州，云孙来礼泪双流。

断碑残碣埋荒草，禅河谁复问源头？

不禁要问，源头在哪儿？诗为谁记？泪为谁流？

眼前是雄伟的大殿，万佛端坐；心中却是古旧的沧桑，曾经的泪影。一切尽在眼前，又恍惚如昨日，仿佛身处他年、心在隔世。一切似见过，又不曾有见；似沉睡着，又似早已醒来；似无声，又似梵音袅娜。一时间心如止水，物我两忘，可稍一念及我在，须臾又是乱绪袭来，感慨于这殊胜的来临，以及倏忽的离去，人被置于是我非我的迷惘中，不知所措，竟是满心莫名的欢喜。

佛说，一念即佛。所以片刻的觉悟已是无比的难得。念念若是恐不可得，不过但愿那一刻我的心能一路清晰地飘到大殿里，如心香一炷俸于佛前。

且说这寺。

柏林禅寺是佛教初入中国时期所建的古刹之一，初名观音院，比赵州桥要早三四百年。曾是玄奘法师发蒙启迪之地，约 200 年后，又有一位高僧至此，那人就是赵州和尚，法号从谂。高僧于八十年行脚之后，途径赵州，在此卓锡四十年之久，弘法利生，门风高峻，法流天下。时人尊之为“赵州和尚”“赵州古佛”，所以故观音院又称“古佛道场”“赵州祖庭”。

从谂禅师曾说：“至道无难，唯嫌拣择，道不远人，只在眼前。”其留下的“吃茶去”“洗钵去”“庭前柏子树”“狗子无佛性”等公案，流传于四海丛林。897 年赵州和尚圆寂，世寿 120 岁，寺内建塔供奉衣钵和舍利，谥号“真际禅师”，塔曰光祖之塔，现存的赵州塔重建于元代，高 33 米，7 层，下有莲花须弥座，迄今已有 600 多年历史。

1988 年，净慧法师率众入住柏林禅寺，开始赵州祖庭的修复。十载艰辛，平地涌楼台。在一片废墟中，柏林禅寺的诸多殿堂拔地而起，终使祖庭重光，禅灯复明，庄严肃穆，生机盎然。

这一天，我虔诚地来了。

一个人静静在寺内游走，偶尔一个僧人从我的身边轻快地走过，突然感到自己脚步的沉重、心灵的沉重，沉重于己所不备的那份平常，而那轻盈的走过又是一种怎样的姿态。

柏林禅寺，在在处处都似在无声说法。

来寺看什么？看佛像？看寺院？看古塔？看僧众？我知道我执着于像，游离于禅，在当下依旧放不下念头，只为看而张大了双眼。我看到了什么？未见心，未见性。我在殿堂之中，又仿佛不知身在何处。

什么是禅？

有僧人来问：“达摩祖师从西天来东土用意何在？”

赵州和尚指了指寺院里的柏树，说：“庭前柏子树。”

僧人：“你不肯将你的体悟告诉我？”

赵州和尚：“我不肯把我的体悟告诉你。”

僧人：“达摩祖师从西天来东土用意何在？”

赵州：“庭前柏子树。”

这就是禅。

赵州老和尚以“庭前柏子树”作答，即是在开示我们，把握当下，方可契入禅境，从而截断妄想。

我依旧无序地游走在有序之中。时间已是下午2点多，已清楚地感觉到饥饿。饥饿袭来，慧海禅师曾说：“饥来吃饭，困来即眠。”当下觅食而去。饭后，已是近3点钟，心念赵州桥，那桥就在身边，班车的缘故，只好错过一见，后会有期了。

赵州桥渡过多少生灵？

桥不语。

柏林禅寺渡过多少人？

净慧和尚说：无。

我听到那桥上鼎沸的人声。

净慧和尚说：那是你想出来的。

佛陀是一个曾经在大地上行走的人，在实践生活的岁月里，他的心跳，保持着和我们一样的节奏。回望古塔，往事不须回首！未来几多沧桑？

丁零、丁零、丁零，是塔铃在动，还是风在动？是声动，还是心在动？

何必问谁在动？

对天下赵州来说，风铃响作时，就是在渡迷声。

赵州桥 / 渡你渡我渡苍生

赵县。

距石家庄约40千米，是目前我唯一到过的隶属石家庄的县城，且一去就是两次，而这两次都是只身前往，是因为那里有柏林禅寺和赵州桥。

没有热衷，只是向往。

去年的秋天去了一次，那次是心无别念地去游谒柏林禅寺。尽管柏林禅寺和赵州桥相视而望也不过是四五里之遥，可是，一念的抉择还是不改初衷地把那次行程完全地交给了柏林禅寺，备受洗礼。尽管如此，还是觉得没有去成赵州桥，心存遗憾，时至今日。不过现在看来一切只是另一种安排，倘若没有上次的遗憾，恐怕就没有这次念念不忘的专程赶来，哪里又会有什么真的遗憾呢？

“是命也是运也缓缓而行，为名乎为利乎坐坐再去。”一颗心豁然中开。

上次在去游谒禅寺的路上就一直在想，这拥有千年盛誉的禅寺一定是深藏在丛山密林、流水淙淙的清幽之地，纵要找得到，非得循着古刹钟声、源着缭绕烟火、沿着溪涧飞泉才可见其真容，至少也是在相对远离人烟的地方吧？相反的是，作为古佛道场的柏林禅寺恰恰威严端坐在赵县最繁华的区域。

关里千佛，关外众生，一脚踏入，恍如隔世。

且说赵州桥，当地人管它叫大石桥，本以为作为一个为生活而建的桥梁，一定会建在穿城而过的某条河上，每天上面都是来来往往、闲在的如清明上河图上的人们，并以1400年的悠久历史成为县城的地标，成为生活的围绕，一天天一年年由此展开。

然而，到了才知道，李春大师竟把这拥有“世界桥梁鼻祖”的天下第一桥，信手横在了人群和城市之外，甚至于荒郊野地。这出离古今的安排，以及那普度天下的宏愿我又能知之几何呢?

在红尘出红尘不离红尘，非赵州古佛独具慧眼，又有谁会勘破这繁华中的宁静？于世间出世间不离世间，非禅宗圣地，又有谁会参透那道不远人的博大精深？而赵州自古就是天下赵州，那么赵州桥自然是天下的赵州桥。“水从碧玉环中过，人在苍龙背上行”，它承载的岂止是一个赵州，注定要担当的是百代的沧桑，万古的轮回。

在我的习惯里通常是知某河然后知某桥，甚至更多的时候即便知某河也仍不知某桥。只有赵州桥横空出世，叫人不记得或记不得它架在哪条河上，叫人不知也不想去问，升跃为亘古千年架在我们心中的一座人文的桥、历史的桥、温暖的桥。

在赵县朴素的冬天里，两岸是枝无一叶，高低错落的树，没有任何浮华的掩映，宁静的赵州桥更接近于我意念中的风貌，古朴端庄、浑然天成。远远望过去，和我小学语文课本左页偏下的那张黑白照片别无二致，自是一见如故。

洨河结着厚厚的冰，在冬日的暖阳下更像温润的羊脂玉从桥下穿过伸向远方。桥横跨南北，一如跨在生活的断裂带上，让两岸的相望不再遥远，让团圆的脚步不再犹豫，让漂泊的征途不再坎坷。

大概是出于保护和商业的考虑，大石桥只是部分地肩负起人员往来的使命，在它的上游和下游已建了若干的桥，它已然成为象征。在它的周围建起了一些服务场所，如餐馆、展馆、民俗街等，桥被环卫起来，需购票才可进入，票价 30 元，说实话，这是我有史以来最心甘情愿掏的“过桥费”。

由于是旅游淡季，游人并不多，我所见的不过零零散散的二十人左右，差不多如我一样慕名而来。

我喜欢这种没有喧哗、没有吵闹、没有拥挤、没有打扰、可堪思考的旅行。不过，拍遍栏杆，一路打量触摸，仍会听到啧啧的赞誉，看到每一个人惊叹的目光，也强烈地感受到了不断感染给我的、欢快的脚步和爱从中来的虔诚祝愿。

跟着别人请的导游“打秋风”，我知道了赵州桥是现存最早、保存最完整的单孔敞肩石拱桥，但没有人能告诉我整个桥是由多少块石头严丝合缝、精确垒砌而成，且石从何来。那些石头或置于桥底，或置于桥面，或沧桑斑驳，或依旧雕龙画兽，眼前呈现的完全是剪裁精良的万千石头秩序井然的簇拥。只此一拥，倏忽间就过去了 1400 多个春秋冬夏，也远去了张果老骑驴、柴王爷推车的美丽神话。

烟云水气，亦真亦幻，这桥更像一个看得见、摸得着的传说。

我从各个角度端详这座壮美的石桥，抚摸每一块我可以摸得到的石头，甚至还跑到光滑的河面上，从桥底向上仰望，看它如虹的气势，惊叹于它从东到西 28 行石头的精准对接。这些石头铺展开来，摇动着从冰面上折射来的素淡光影，偶尔的几块黑黝黝的石头恰似工匠们黝黑劲健的肌肉，附着着无数条河水漫过的渍迹，顾盼无声。

风从桥下匆忙掠过，传来远处人车的嘈杂，只一念，仿佛当年石匠们激越地凿石建桥的景象还在，李春以及他的团队，十年间的心血与汗水正纷纷坠入滔滔的河水，伴着伏波安澜的伟大心愿流向东方的海，流向无尽的未来。

1400 多年过去了，清风明月也已来去千回。

我知道，赵州桥还将以信念的高度从容等候，而我终将不是最后一个它要渡的人。

别介意我在秋天里回忆春天

如此初春如此天。

S 城的天气总是见怪不怪、难以捉摸。仙境还是险境，见到太阳究竟是那么的难！

要么是大雾茫茫，眉眼一开到处都是草船借箭的镜像，树影幢幢、人影幢幢、楼影幢幢。是雾是霾实难分辨，走在其中，踏潮逐浪般，看不清前程，也理不出来路，很多是要靠听觉，判断周围发生、存在的有无，陌生抑或熟悉的声音。看上去好静，但我知道一切并不安宁，什么也没有停下来。

我下意识地比以往任何时候都更小心自己行进的方向、速度、落点，脚步声碎，人人也都如此谨慎。在交通繁忙的路口，汽笛声胡乱地响成一片，也不知是谁在提示谁，好在红绿灯是隐约可见的，像凝雾的玉璧，慢条斯理地变换着色彩，提示你进退。我循着初春中那“唯一的”一块绿走过去，根本无暇也无意打量那些擦肩而过的来往。

迫于太阳的强大压力，中午的时候再大的雾、再快快不快，也不得不散去。不过，想真正让碧空如洗，至少也要等到傍晚，傍晚的时候偶尔竟也能看到如血的夕阳，从巍巍太行之巅斜照过来，宠辱不惊地把城市缓缓送入夜色。这样的天气看似对太阳有所冒犯，但太阳毕竟是太阳，它不会为任何情形放弃坚守和永恒，只是可怜了生活在这里的人们。

多么痛的领悟！

还有一种更糟糕的，就是风卷黄沙，完全是大兵过境似的碾压。

有本地的沙土，也有外来的尘霾，天地就像巨大的扬尘器，风和沙土久别重逢似的，咧着嘴、甩开臂膀，大选拉票一样的勤奋，走街拜巷，把整个的城市泥沙一样地无情搅拌。一切不可躲、不可逃，却不给一滴水，春天的命运被完全地把玩在股掌之间。风急匆匆无序地撕扯着城市乍暖还寒的薄衫，空气中夹杂着浓重的尘土，只能半睁半闭着眼睛用余光搜索前进的方向，不想呼吸，又不能不呼吸，憋了老半天又不得不深呼吸。这样的时候我总会想到周游列国的孔夫子，那是一种怎样崇高而别样的艰辛，于是个体的行进已然充满了英雄史诗般的豪迈壮烈。

路旁可怜的小草必是来赴春天的约会，哪承想招呼她的竟是这样不逊的礼遇，一番张望后，早已是灰头土脸，没个孩儿样。槐树的那一枝，躲过了去冬的冰雪，却没有逃过今春的此劫，轰然断裂。

人间四月，本来是“暮春者，春服既成，冠者五六人，童子六七人，浴乎沂，风乎舞雩，咏而归”的自然追寻，是“儿童散学归来早，忙趁东风放纸鸢”的饱浸鲜纯的季节！可是你看，哪里还有什么惠风和畅，草长莺飞，春色三分，一分流水，甚至半缕和风也是遥不可及。古书中记载，春秋无义战，这场景正如彼时的古战场，只是不知这是谁与谁的那场抵死的厮杀，硝烟未尽，火气难消，竟一时忘记了人民。

天地者，万物之逆旅；光阴者，百代之过客。

我们必须要在这样的日子里习惯游戏，懂得生存，学会长大。

写到磅礴大气/骂到绚烂至极

好大的风。

在这样四面八方都是秋的昨夜，我在灯影和风影间摇曳、呼吸，抵近唐朝。

书是灵媒，你捧她在手时，就是她的美妙被唤醒的一刻，周遭的吹刮着的风，以及这无边的夜，无非陪衬，偶尔地敲打窗台，也只是在偷窥我的欢愉。

唐朝，星光熠熠。

余光中在谈到诗仙李白时说：李白这个人，酒入豪肠，三分啸成了剑气，余下的七分酿就成了月光，绣口一吐便是半个盛唐。讲得当然到位。也就是说李白这仙实在是太厉害了，他是大唐文化直入云霄的一面旗帜。然而，就在这旗帜之外，还有诸多别样的旗帜飞扬于盛世唐朝的风云里，骆宾王就是其中一位。

骆宾王，“初唐四杰”之一，名作《帝京篇》为初唐罕见的长篇，当时以为绝唱。他曾久戍边城，写有不少边塞诗：“晚风连朔气，新月照边秋。灶火通军壁，烽烟上戍楼”。武则天临朝，他因多次上书针砭时弊，获罪入狱。在《在狱咏蝉》中写道：“露重飞难进，风多响易沉。无人信高洁，谁为表予心？”以抒悲愤。出狱后，被贬为临海县丞，后弃官游广陵，作诗明志：“宝剑思存楚，金锤许报韩”。

一个敏感而富有侠气的诗人，自然少不了对家国的情愁。

嗣圣元年，武则天废中宗自立，徐敬业在扬州起兵反对。骆宾王时为徐府属。一方面是天下初定，人心思安；一方面是要“爰举义旗”，“志安社稷”。在这种彷徨歧路的背景下，骆宾王“因天下之失望，顺宇内之推心”，毅然站在徐敬业一边，用饱蘸风霜的雷霆之笔替徐敬业向“伪临朝武氏者”宣战。

于是，诞生了这篇美轮美奂的战斗檄文。

据传，檄文写完后，随即散发天下。上至朝廷，下至州县，民众争先赏睹，奔走相告。天地，倏忽间在光昌流利的美文中密布战云。

武则天看罢骆文，非但没生气，反倒情舒眉展，激赏不已。读至“一抔之土未干，六尺之孤何托”，武则天更是龙颜大悦，执卷兴叹说：“宰相安得失此人？”尽管这篇檄文把武则天骂到“人神之所同嫉，天地之所不容”，不仁、不义、不忠、不孝的地步，然而武则天却不嗔、不怪、不怒、不恨，反倒要派人“把他赶紧给我找来入朝为官”。然而，骆宾王是何等疏狂之士，根本就没有理这茬，结果在徐敬业兵败被杀后，何去何从，不知所踪。

《为徐敬业讨武盟檄》以四百四十字酣畅淋漓的笔墨，极尽铺陈之能事，把讨武之种种缘由叙述得行云流水，义正词严，气势如虹。尤其“南连百越，北尽三河，铁骑成群，玉轴相接”“班声动而北风起，剑气冲而南斗平。喑呜则山岳崩颓，叱咤则风云变色”，慷慨连绵，气吞山河。实是一等的画面，一等的气度，一等的笔墨。哪里还有什么战争，天地被装点得美若金秋，花雨缤纷，壮阔恢弘。

文章一起笔就毫不迟疑地告诉天下说，武则天这个人不仅“性非和顺，地实寒微”，最令人担忧的是她“包藏祸心，窥窃神器”，事体何其重大！借此，笔锋一转，我徐敬业“皇堂旧臣，公侯冢子，奉先君之成业，荷本朝之厚恩”，岂能坐视江山易主、旌旗变色，自当“爰举义旗，以清妖孽”。随后顺势一抹，勾勒了一个“以此制敌，何敌不摧；以此图功，何功不克”势如破竹的美妙结局。

结构谨严，层层递进，场面斑斓，绚烂至极！

文章的最后，又对达官显贵们作了一次语重心长的动员：“公等或居汉地，或叶周亲，或膺重寄于话言，或受顾命于宣室，言犹在耳，忠岂忘心”，让我们“共立勤王之勋，无废大君之命”吧！同时警告说：“若其眷恋穷城，徘徊歧路，坐昧先几之兆，必贻后至之诛。”等于说，你们要是不与我们一起干，将来后果自负。

文章到此，可谓言之肯肯，情之切切，雄辩滔滔。

于是，在“请看今日之域中，竟是谁家之天下”的自信中戛然收笔。

此时此刻，骆宾王是何等豪迈、激昂和忘我！仿佛一位横扫乾坤的斗士，立于盛世唐朝的千军万马之间，抚剑扬眉，用其旷世才情，作了一次激情华丽的演说，荡气回肠，感天动地，晚辈只有膜拜。

一如这删繁就简的秋夜，我只是在听天地诉说。

何以天寒走近 / 何以风冷入怀

天冷起来了，人倒是开始走近，但愿人心能因此热起来。

这一冷，总是和朋友们心有灵犀地聚到一起，调着样地吃点儿东西、喝点儿小酒。必是温暖的长夏让人闲散惯了，也闲散久了。突然天一冷，大家往一起聚的次数明显增多，似乎这样可以互相取暖吧！坐一会儿，聊一聊，一瓶“扁二”，几粒油炸花生，相惜、相悦、相倾，小聚让人感觉真心不错。

此类的小酌没有特定的缘起，没有潜台词，也没有编后话，圆桌一坐不必主次，畅所欲言，不用看谁的脸色，也不在乎有几道什么菜，吃啥点啥，点啥吃啥。不劝酒，不打官司，一切都是随性随喜。虽然远不及“绿蚁新醅酒，红泥小火炉”的元气充盈，也没有“清流激湍，映带左右”的风流韵致，但这样的时候已然足够，何况俗人俗物平时已夸张得太多。

饭后彼此之间争着埋单，没有一点功利色彩，简单得不能再简单，是“晚来天欲雪，能饮一杯无”的极简邀约，来去无碍，但醉无妨。

厌倦以酒为媒劳心攻事，不过这种应酬恰恰在生活中比比皆是，好酒好菜好地方，但往往菜非菜、酒非酒，心不对口、口不对心，里子的面子的一派的假象和虚伪，结果酒局不过是个有所图谋的棋局。做主人也好，做客人也好，陪吃陪喝的自不必提，谁请谁都会不经意地为之蒙上一层交易的色彩，一样可以醉，但醉得不痛快，甚至于醉得扭曲。

窃以为，人心不古，关系千万重，强求的必是那样的轻薄。

但愿我们的每一次相聚自然而然，无缘无故。

云自无心水自闲

一室之磅礴 / 无以大于大荒之野

一室之磅礴，无以大于大荒之野。

铭曰：天远乎哉！一仰而足。

语出《刘将孙养吾集》辑自《永乐大典（残卷）》

这不开了个微信公众号吗，有好友就调侃我，你想干什么？

我说，没想干什么，就是自己对周围太过敏感，总会生出好多错乱的东西，不想说与谁听，又不想深埋在心底，于是就零散地记下来，后来就这样了。

问我有没有考虑到大家的观感。

我说有啊，可是从没想一定要取悦谁，主要是用于对自己的鼓励或是安慰，不过是用粗粝的人生为自己熬的一服中药，如果于大家有点点受用那我当然是开心得不得了啊！

之前是写了就关在笼子里，怕见人，也羞于见人，以为私物。风霜了若干年月，随着脸皮的增厚，我突然发现，多年的积绪，竟纷纷长出了想飞、要飞的翅膀，拦我也恐怕拦不住的。既然，我也是索性不拦了，就顺势号令全体在“大荒之野”集结，继而出征，然后呼啸着就有了和每一个你们的欢喜遇见，并得到了接纳和关怀。寒暄后，元祐是更深切地体会到了幸福和忧伤着的也不只是我一个，还有那么多的灵魂愿意和我相视而笑，相互问候，相互击掌，或者相拥而泣。强烈地被这一切深深打动，像亲人、像伙伴、像朋友，尽管我也许并不知道你在哪里、你是谁，然而这些真的不是问题，问题是在某一篇文章某一行字上的情绪，我们是如此惊人的契合，我甚至有时会胡乱地以为，也许我就是你，或者你就是我，正如我看书看累了，希望你也要休息得好一样。

事实上，遇见并被你们善待后，我也感到了压力，不敢稍有懈怠。不是说我或者文章本身的什么意义，而是我该有行动回应你投射在我身上的那束目光，以及我试图把生活丰富起来的那份努力和诚挚，是不是可以持续得有些意义。

而我乐于和大家分享的就是，谁人心上无事，谁人事上无心。不可置疑，顾影自怜的时候，一定是我们背对阳光的时候，比如一扇往外开的门，你花再大力气往里推也是开不开的。也就是说有些事儿不在力气在方法，有些认识不在能力在角度。

愿我们一起顺着月光的指引看到大荒之上的美丽星河，追着太阳的温暖找到故乡。

重复 / 只是你对生活的错觉

窗外就是体育场。

近在咫尺，不过想要进去却要绕很大的一个弯。只要天气允许，我每天早晨就会准时到那里锻炼一番，途中会经过一所学校。学生们上学比较早，总会看到成群结队的他们满脸稚气地谈笑着从我身边走过，让我想起自己曾经的那个年代，亲切但已很远。

体育场从样子看上去，并不是很老，但很陈旧了。塑胶跑道因风吹日晒，像是经历了几世几劫，有好多地方鼓得老高，踏上去就像踩在半瘪的皮球上，有气无力。中间的草地就像疯长的草原的一角，白天鸟叫、晚上蛙鸣，堪称一景。

尽管如此，我还是能够深切地感受到它当年的风光，传说这里曾多次举办大型运动会和演唱会。

我不是一个健跑的人，从小就跑不好，稍一快就觉得仿佛要飘移，脚下无根，不走直线，说来惭愧，我的百米速度巅峰时刻也要在 15 秒以上。

小的时候也曾参加过我有生以来唯一的一次跑步比赛，是小学三年级在学校的春季运动会中跑了一次“60 米速算”。就是长度 60 米，五六个同学一起跑，在大约 30 米处设一个小黑板，上面写几道简单的数学题，类似于脑筋急转弯的那种，跑到那里自己翻开黑板，用自带的纸笔写出答案，冲向终点，在答案正确的前提下看谁先到，依次排序，确定名次。当时因为家境贫寒，没有运动鞋，所穿的鞋是妈妈手工缝制的那种塑料底子的布鞋，在土地上跑会很滑，容易摔倒，索性就和另外一位同学赤脚上阵，结果不仅题没做对，成绩倒数第一，而且脚还被划破了。

总结起来，勇气可嘉，乏善可陈。

话说回来，只要天气好，六点钟我一定会被这里的喧闹叫醒，尤其是抖空竹的声音，很清远、很特别，就像直升机螺旋桨盘旋时发出的声音，往往有几十个在一起叫，声音又各有不同，于是高高低低、清清浊浊、急急缓缓，此起彼伏，闹得你不想醒也得醒，结果是打扰了懒觉，帮助了早起，我把这一现象戏称为“城市鸡鸣”。

在这个松散的跑步队伍中我是一个不折不扣的中年人，比老同志快，比年轻人慢，彼此默不作声地循环着那个看似简单重复的轨迹。但我知道每一步都是不同时刻跨出的新里程。

年轻人大多都是体育生，跑在最里圈，会不时地喊前面的人“让一下道”，我则跑在中间部分，老年人则在三道之外，一群各有所需的人逆时针而动。满场的人看上去似乎有些乱，实际上各有各的轨迹，如星系般彼此遵循着“潜规则”。

就这样老中青一层套一层，层中再分层，若从上面看必是有树木年轮的形状。

年轻人在最里层勇猛精进，老年人似乎在慢跑中找寻失去的壮岁华年，而我不急不缓仿佛流动中的看客，在年轻人的身上回忆自己刚刚擦肩而过的血气方刚，在老年人身上遥想自己用不了多久的将来。

每天不强求，对快慢亦不作要求，累了中间可以走，不过必须要够五圈，这是唯一的硬指标，从不为难自己，常常鼓励自己坚持下来就好。

五圈下来已是汗透衣背，此时城市车流涌动，崭新的一天正隆隆开启，我又将回到这个既熟悉又必须小心翼翼的世界。

一切，不是重复，时光是永远的单向线，永是开始。

雾霾不散 / 必是顶风作案

大雾不锁心

寂寂独行这梦乡，好生怀念暖和光。

太阳若不说无奈，我便当然去远方。

雾霾。

这两天除了你也实在是没谁了，你如同无敌这个词。

口罩流行，褶皱的眉睫，路上再也没见一颗明媚的红唇，缓缓而来车辆的萎靡的灯光，由渐近而昏黄，入昏黄而隐没。城市早已没有了昔日的光泽，灰暗是唯一的颜色，衬以这肃杀的冬，人心孤寂而惶然，不敢出门儿，真怕一转身就把自己给丢了。

买菜回来，就躲进小楼，再不问春秋。

可是，倾巢之下，已无完卵。

势如破竹的雾霾，这会儿，该是横扫了整个儿的华北。霸屏，也霸占了我，呼吸急促而凌乱。微信朋友圈疯狂地链接着哀怨和自嘲，传染病一样地蔓延，漫过山川、河流、城市和村庄，以及眉目和愁肠，似乎都在控诉，也在辩说，这不是我的错。

可谁又能跳出这雾霾的深渊而独善呢！究竟是躲无可躲，遁无可遁，必将同食这恶之果。

太乙近天都，连山接海隅。

白云回望合，青霭入看无。

摩诘呀摩诘，您若在，只此一刻，我真想静静地听您要怎么写？

甚至，惊奇地发现，山和海也不过是渺小和摆设，无可奈何的是一切，雾不再是轻薄，而是排山倒海的吞噬。到处弥漫着，逃离的欲望和郁郁寡欢的背影，以及一不留神就将迷失的方向。也不知太阳和月亮被发配到了什么地方，还能不能重掌世界的光明，还可不可以再度拥抱祖国的星空。

窗外，仿佛沉重的叹息，好像天空的双眼已然飞离去，我只能借大地的沉默听见呼吸。不是雾霾要置我们于死地，是我们豢养了一个大义灭亲的魔头，它高悬利剑就是要跟欲望做个了结。是的，逆境中我发现了转机，也发现了退路和前程。所以，我愿意诚挚地把这忤逆的雾霾写进深情。

不得不陷入的长考，不得不经历的疼痛，否极方能泰来。

是时候了，我们必须要给世界一个清晰有力的回答。

“哪怕是一个字，一个眼神，让我知道你不是真的死了，或者说，让我知道你爱我，这样我就会幸福。”

无爱的日子，请抱紧自己。

霾 / 一场庄严的痛，一次绝望的生

这霾也是有几天了，到现在没有一点儿要离开的意思，难道是想要把我们麻木到无视？

熟悉这个城市的每一条街区，这几天竟好几次迷失在了自家的门前，不是走过，便是未及，心里就很难过，以为年迈，以为痴呆。

昨晚下班，同事跟我说，明天到点我若是不来，必是我走丢了，你们也不必找，雾霾散了我自然会回来。

本来也就是一句嘻哈的话，但心里还真有一丝酸楚，仿佛再不能相逢。

周边的好多城市，包括首都，蓝、黄、橙、红，纷纷地告急。学校停课，高速封路，机场拒飞……

我的世界到底怎么了，不见升起，亦不见沉沦，也早就不见了鸟儿的欢快的歌声。

为什么仿佛一转身，就已山河破碎？看不清，摸不着，猜不透，叹不尽。

真的，我们比任何一个时候都渴望一场雪，要的不再是时令和风情，要的是一场不容分说的覆盖。我多希望这场雪就发生在

今夜，就在今夜吧！要足够大，足够辽阔才好，以雪最终极的方式，来拯救苍生。

霾，让夜多了惆怅，也多了光阴的碎片。

匆匆穿过呼吸战栗的街道，飞快地躲进家，躲进被窝，幻想躲过这《西游记》中才有的魔界，并试图以健忘挨过今夜，以为明天就可以看到高悬的天空，就算不是蓝也不要紧，只要不被这霾遮住了望眼，不被这灰涂满了苍穹。

连续几天的浸淫，无疑是重创了人们追求卓越骄傲的心，人们开始了沉重的思考。

痛定思痛，落后就要挨打。

私以为，若今天没有这霾，可能我们就不会有这么快和列强平起平坐的今天。

若今天没有这霾，可能压在我们头上的是比这狰狞百倍的帝国的联军，疯狂的铁蹄。

所以，这痛仍是值得的。

所以，什么也不要怨，什么也不能怨，什么也不必怨。大国崛起，我们难免忍着痛、流着泪，怨就怨这个彼不我恩的世界，扛起才是你我义不容辞的使命。君不见，虎狼环视，如果不忍痛伐树筑篱，我们可能连树带家就什么都没了，尽管多了一块流泪的沙丘，但也保住了我们可以匡扶的未来。

还好，我们在，江山在，子孙在，一切就都还在。

所以，我把某些跃进叫强行存在。强行存在的意义，就在于于家于国的一场捍卫和超越。值此一念，就远远胜过霾带给我们的消极和打击，尽管我们为此付出了沉重的代价。

当然，也是时候我们要自救和救赎了。

霾去时，请不要忘记这场庄严的痛，也一定不要辜负这次绝望的生。

嘿 / 兄弟，要哥谢谢你吗

冬日，夕阳的小岛，烟霞明灭。

追风，我的公路自行车的名字。跨我追风，便是快意恩仇。峭冷的寒气吹刮着脸，驭风者必是少年。我的追风和我，如入大荒之野，任由夕阳目送我纵马江湖的背影。

昨天，有兄弟打来电话约我今晚年前小酌。

兄弟的呼唤，有时间必是无理由拒绝，而兴高采烈地去，当是最好的回应。

沿河北大街，背披夕阳，从归提寨到东山，这一路的风行，我穿城而过。

去处因是其父私舍，七扭八转，于是地址也便语焉不详，便不再问。兄弟知我好情境更甚于酒肴，无非造一惊喜了了，至于还有谁来，那当然是他的事，正如每一次都是最妥帖的安排。自以为，既是兄弟之邀，很多问，都是减分的废话。

迫近大致区域，黄昏已为夜色。打一电话，旋即发现寒瑟里两双望眼，嗯，我兄弟和他的公子。哈哈，好久不见。兄弟寒暄。小儿倚父侧望，我赞他少年英武，他便羞涩地笑。

大约也没转几下即到，但的确不太好描述位置。兄弟抢前，对开的木门吱呀为我而启，父子一前一后、忽左忽右，是厚爱也是兄弟的礼仪，倍感亲切。

一座小院，临街静处，透过攀爬植物的枯索，依稀看到了日用简素的生机，唯李木匠的匾高耸门楣，倒是稍显高调。叔叔，传统老木匠，据兄弟说技术一流，相当于副高水准，之前我真还没见过。说话间，风尘的老先生恰好做工归来，年近七十，骨骼健朗，三言两语，便悄无声息地接纳并回应了晚辈的问候。婶子在厨房接受我的请安，我们聊着家常，她手头的活儿始终没有放下，像极了每一个中国的母亲，勤劳而厚爱。次第，又有几位兄弟鱼贯而入，相见甚欢。

兄弟精心地准备了几道小菜，亲手腌渍的肉串和羊腿，正在小院的炉火上翻烤，火焰低沉热烈，仿佛鼓舞了全城。内蒙古的酒，加上这几位兄弟的天生壮硕，以及我的销魂羸弱已然绝配。席间，我们谈天说地，忽远忽近，颠颠倒倒，聊了好多过去的交集、曾经的花絮、最新的段落，以及未来、岁月、前途跟命运，在酒的助推中浓淡穿插，堪称错乱。这一夜，是雅聚，也是纵饮，又隐约一次集体的遁逃，逃出白天，遁入自我光芒的苍凉的夜。中间又有兄弟喘嘘赶来，一时间已不醉而醉，自是花开如海，星坠如雨。

花开在灵魂的巅，星落入生命的海，充盈了奔流的河，回应了仁德的大地。

快乐来时，忧愁也必将涌来。说雪，也说到了霾；说乐，也说到了忧伤。不过，爱与哀愁，终归是一拂袖、一扬眉、开怀一笑尔！笑这几枚妄掷狂狷的浪荡草莽，笑这几厮多愁善感的情系家国。终归是国大于家，家大于我，终归是一群有趣的灵魂更爱这个戏谑人生的世界。

已而，核肴俱尽，杯盘狼藉。

李木匠的私舍俨然成了纵饮狂歌的楼台，横亘在灵魂雀跃的夜里，颠簸着兄弟似乱非乱的欢快的思绪，飞扬着叔婶似懂非懂的幸福的笑声。

嘿，兄弟，要哥谢谢你吗？

生命 / 我要的不只是温饱

几个在《大荒之野》谈笑相陪的哥们儿，一直隔空邀约，期待能见面小酌。

终于如愿。

王兄家宴，几个有趣的灵魂。

虽然素昧平生，却也一见如故。开门的一瞬，哦，这就是你呀！

王兄，骨骼清秀，文采飞扬，浪荡逍遥。一度出入商海，游走京津，提及旧事，犹可想见其当时的灯火辉煌，以及豪迈身姿。

精致的屋舍，散淡清幽；得体的陈设，富足朗润。

品茶弄盏之际，话题也在瞬息万变的转换中展开。数十米外的渤海，早已是水色夕霞，沉浸着好一派大美不言。

乱云飞渡，悄焉动容。

我们从水谈到自由和约束，从逻辑谈到数学和哲学，从纵向谈到天地人，从横向谈到东方和西方；也从执念谈及放下，从传统谈及时尚，从物质谈到虚无。不禁慨叹那些纠结和共生、混杂而互悖的光荣与隐痛。然而，无论说到何人何事何处何年代，其实再多的追问和回答，无非是探讨跟关注生命个体或是人间的温度、热爱、欢喜、寂寞、沉重与孤独。不知不觉已说得太多，虽无章序，但彼此迫于表达的，差不多也尽在其中了。电光石火间，真切地宽慰了被尘埃束锁的造作之妄。

平心而论，当然是妩媚了一段放纵的时光。

茶也早已替成酒。

六七人，合围一个鸳鸯锅，半边清水半边红，满桌的丰收与诱惑。一如主人的情谊，周到且诚挚，甜蜜着每一个人。大快朵颐着嫂夫人精心准备的肉和菜蔬，终究掩不住男人们机锋流转的来往应答。整个房间，弥漫着饱满的语势和激荡的意绪，也弥漫着笑声、喜悦和钦敬。

乘兴而来，为下次再来而去。

临别，必须忍住不舍的模样，亦必须坚定再来的决心。

嘿，王兄，下次要等多久？

不知转入此中来

见字如面 / 写给小伙伴们的情书

创城，你不是看客。

创城，别说跟你没关系。

创城，千万别把自己当外人。

亲爱的小伙伴们：

你们好！

已好久不曾给任何人写任何的信了，忽然一念，想写的愿望很强烈，就字随心走，希望以此开启我们交流互动的新模式。

我知道，这几天雄安绝对是刷爆了屏，刷爆了整个清明节，也刷爆了每一个中国人的励精图治的大国情怀。不过，今天我只想接续上次我们探讨的话题，还是想说说我们小岛全力创城的那些事儿。

高兴的是，我每天都可以看到小岛由内而外的深刻秒变，也都被每一个辛勤劳作的身影激励着、感动着、包围着，就会始终提示自己时时处处都要表现得文明而优雅。说真的，这些天还真的觉得自己好像绅士了许多。我还是那么认为，借着这个有人“查”、有人“检”、有人“指导”、有标准可遵循、有数据可考量的宝贵契机，彻底给我们的城市“照镜子、正衣冠、洗洗澡、治治病”，实在是善莫大焉。我们的城市发展到今天，无论是规模、架构，还是年龄，都应是清且婉的少年锦时，是绝不该有老成或囧态的，可是总有些遗憾不尽如人意。上次你说，咱小岛有山有水有雄关，从来风调雨顺、丰衣足食，老天爷差不多把最好的东西都给了我们。我觉得你说得没错，正因为如此，我们就更应该加倍地呵护，如果不精心照料、好生经营，那我们必是要愧对了这番馈赠的。

“我见青山多妩媚，料青山见我应如是。”

我以为，这才是小岛该有的本色。也就是说山川纵好，我们必须要有一颗与之匹配的心灵和它对应。创城，正是为了实现这天地无垢心无垢的美丽愿景，我们必须为之不懈奋斗！

《说文解字》说：城，所以盛民也。

小岛，一个比家更大的家，一个比家更需要体面而有内涵的，更需要秩序的家。这个家，有你有我，还有远方的朋友，是我们笑迎天下的脸，拥抱世界的胸膛。

上次我们也谈到了洗城和去海边儿捡拾垃圾，我觉得我们有时还是玩儿心太重，你也要改变一下认识，切实把责任和使命端庄起来，凡事就算是玩儿也要玩出真诚和境界，何况这是我们时不我待的责任。绝不可以还固执地认为，这是王家的事儿，那是李家的事儿。必须说清的是，这是我们每一个人的事儿，人人都有分担的义务，不要动辄怨天尤人，谈别人素质低的时候，要先检视一下我们自己的素质。人要内外兼修，城市的文明也一样，外貌只能炫耀一时，真美才会百世不陨。事实上，我们就是这个时段所属城市面貌的责任人、监护人，不能拖等靠，更不能把责任推给别人。你知道，好多的环境越是脏乱差越是没人珍惜；有些的命运越是疼，越是没人疼；有些人越是不自强自立越容易破罐子破摔。学好难，做坏事根本不用学，遗憾的是，人的从众心很强，这是人性的弱点，而弱点较优点更容易生长。物资充沛，文明缺失，若还不绝于时代的中国，那将是一件十分丢人的事儿。所以我以为，创城，不仅仅是外在的扫除力，它更应该是城市内在气质和外在风貌的深度整饬，里外一新才能独立完美、光彩照人，而文明则是从城市的最深处折射出的人性的光泽。

亲爱的小伙伴，每一朵花开都关乎春天，缺了哪一朵似乎都不要紧，但缺一朵就会有缺一朵的遗憾，多一朵就有多一朵的繁华。所以我说，创城没有局外人，要靠集体的力量。你在，你就该参与，不要他律，自觉自律、自然而然就对了。每一个人都是文明城市的受益者，所以每一个人就理所当然是城市文明的积极参与者和建设者，也应该是文明的传播者和践行者。

“春山磔磔鸣春禽，此间不可无我吟。”

小伙伴们，趁着春天带给我们的生命的鼓励，请立刻行动起来，回归到生命的自觉、文化的自觉、行动的自觉，给自己一个坐标，一个可堪担当和使命的坐标。从自己的周边、当下做起，贯穿到生命中的每一处念念在在，那么我们的小岛就会魔法般地蜕变，化蝶而为鲲鹏，振翅而扶摇于九天，才能同频共振，实现中华民族伟大复兴的中国梦。

小伙伴们，就从现在，无论谁都请来关心这里的每一寸土地、每一条河流、每一树花开、每一次呼吸、每一缕春潮，也关心这里每一个渴望幸福的心愿，关心自己之于这个城市的每一个是否优雅的言谈举止。就像扔和放，虽只一个动作而已，然而却代表着截然不同的属性，反映的却是教养和公德。话说回来，人终是城市真正的气质和风貌，你的行事和格局就是城市文明的某一面缩影，所以，创城要从改造我们自身开始。

小伙伴们，创城是要走心的，只有人心的改变才会有城市精神和气质的彻底改变。创城一刻不可歇、不可懈、不可止。小伙伴们，创城不易，“守城”更难。就像呼吸，一次固然重要，但只有连续的每一次才是生命延续鲜活的体征。

所以，创城只有起点和路上，永远没有终点。

来吧，小伙伴们！趁三春杨柳，莫辜负这一腔热血、满目韶华、休明盛世的中国。也借此致敬那些为创城而殚精竭虑、无私忘我的人们！加油，小伙伴们！加油，小岛！！

顺颂春祺！

你的小伙伴 元祐

2017 年 4 月 5 日于大荒之野

见字如面 / 再寄小伙伴

创城，是一场甜蜜的恋爱，
为能好好地在一起。
创城，是一场集体的醒悟，
让每个人知道珍惜。
创城，是一场自我的救赎，
认识自己还不完美。
创城，是一场坚定的蝶变，
要新生就会有阵痛。
创城，就是创造本该更好，
但还没有抵达的生活。

亲爱的小伙伴：

见字如面！

一打开手机，无数张你微笑的脸谱，仿佛拥抱。

刚写信给你才几天，你的回信竟是雪片一样地飞来，一百条、二百条、五百条，在芳菲的四月，潮水般将我包围。我仔细阅读你的每一条留言，一边看，一边被你的热忱感动着、激励着、催促着。你之于小岛的心重，较我的迫切何止是一倍两倍，我着实被你深沉的热爱震到了。此刻，我真不知道该如何向你表达爱意，也不知道该用怎样的词汇，陈说我们彼此照映的光辉，更不知道该用什么样的画面，来形容这万众一心的洪流。

一时，幸福满满。

你说（牛牛无敌）：情书已读，好感人的文字。我也要做一朵小花装扮我们的生活。

你说（Lynn）：小岛是我的家，我们大家的家，哪有不爱家的孩子呢？

你说（朕的航母在哪里）：那一年应该是2005年吧，从所在的城市十堰市回家乡秦皇岛，坐在34路公交车上，看到碧蓝的天空满是朵朵翻滚的白云。这场景正是我儿时经常看到的天空！那一刻，我决定结束十几年的湖北生活，带着老婆、孩子，毅然于2009年回到了阔别已久的家乡。

你说（淡定）：小岛的美是天然的，所以我们要有一颗金子般的心才能与之匹配。

你说（原梦）：美丽的秦皇岛，我的家乡！希望石门寨这个小镇不要拖您的后腿，快点跟上您前进的步伐，变成您骄傲的孩子。

你说（玉燕）：美丽的小岛，加油！创出属于你的神话！

你说（人生尚有来处）：我们一家五口，如一叶小舟漂来小岛，如今21年了，我们见证了小岛变得越来越美丽的过程，享受着它带给我们的美好，美丽的秦皇岛，我们爱你！

亲爱的小伙伴，当我还没有来得及向你报告春天，你就以这千树万树的绽放回我。你的留言简单、质朴、率真，但句句戳心！仿佛缤纷的花朵，参差在清凉的海风之间，落在我的车筐里、伞上，我的头、我的身上，还有我饮茶的杯里，最后落在我的梦里、心里。

所以，我忍不住欢喜，就笑出了声，也笑响了整个春天。

创城，我们就是需要每一个人打心底里发出力量。你的心愿、他的心愿、我的心愿，其实所有的心愿也只是一个心愿，那就是勠力同心把小岛建设成沿海强市、美丽港城、国际化的城市。所以，我们必须要用走心和行动串联起这许许多多的梦想。爱，就去做，就是串联起这许许多多的人，就像串联起许许多多的日月星辰，那么我们的小岛就会流光溢彩，顾盼多姿，你说是吗？

我们愿意为创城呼喊，我们愿意为创城付出，我们也愿意为创城走更多更险更远的路。至于你那些心有不悦的留言，我听得格外仔细，思考得也格外用心。比如说，要彻底整治背街死角，要让所有的人走心入脑，要由心而起、因心而动，等等。我以为，这是留给我们的最中肯的建议、最有价值的思考和最好的礼物，也是我们解决最后一千米的关键之关键，必须谢谢你的直言才对。

对了，你说，创城闹得想从路边吃个早餐都难，造成了许多的生活不便。这我都知道。怎么说呢？你不容易，路边原本卖早点的大妈更不容易，她赚的就是起早贪晚的辛苦钱儿，不准出摊儿，她明知人家管得没错儿，但心里也一定会有不开心、会痛，我也痛。可是，旧弊不除，何以新生；良药不苦，焉能去疾？何况，再苦再累也终归还是为了我们自己，因为我们渴望更好的生活，也渴望给未来一个更好的未来。于是，我要给所有的隐忍、谅解和坚持一个大大的赞，谢谢你们！

恩格斯说："每一种新的进步都必然表现为对一种神圣事物的亵渎，表现为对陈旧的、日渐衰亡的，但为习惯崇奉的秩序的叛逆。"

有些时候，我们只是习惯了某种固有的生活方式，就熟视无睹地迁就了某些负面的生活体验，甚至喜欢上了某些有伤风化、有悖文明的细节，以为很有趣儿。于是，我们就在这种趣味中沉沦下去，便从根本上忘记了这种生活早就需要改变。所以，我以为，"营城必须治野"，因为城市终究是一个由无数生命体组成的有血肉、有思想、有情感的居所，只有坚决、智慧、人性的取舍，才会打造出属于人的、有秩序、有品质的精神空间跟生活空间。

你说，一点一滴的快乐，都能在眼里开花；看得见、看不见的痛，都能被温暖孵化。说得真好！只要坚定信念，我想内心的山峰就会越来越挺拔，生命的大海就会越来越雄浑，一切的美丽愿景就都会离我们越来越近，创城完全可以很有趣。

是的，我们要的不是短暂的幸福，我们要的是持续和发展，要的是幸福的今天和所有的幸福的明天，所以我们必须全心全意为当下计、为长远计、为千秋计。

谢谢你，我亲爱的小伙伴！

我知道，爱与不爱都是转身的距离。可贵的是，小岛的每一颗心都甜蜜地印在一起，这就是无往不胜的力量。所以，当举城一力、万众一心，你以为创城还是个事儿吗？

正是因为创城才让我们如此贴近，让我真切地感到了这是一城热爱生活的人，一城欢天喜地的人，一城感恩追梦的人。我深信，目光交错，是你我天地多情的问候；鸿雁飞还，是一弯岁月静好的表达。真想就这样和你，心连心、手挽手、肩并肩，从祖山唱到大海，花开一路；从城市唱到乡村，美丽富足，直到永远！

亲爱的小伙伴，2017，创城，我们在路上！ 2017 ，我们正在开启一个崭新的黎明！ 2017，我们正在拥抱一个永恒的春天！

小伙伴们，加油！秦皇岛，加油！！

再颂春祺！

你的小伙伴 元祐

2017 年 4 月 18 日于大荒之野

爱秦皇岛 / 不要问我从哪里来

山一程，水一程。

以家的名义感知这当下的温度、热爱、欢喜、寂寞、沉重、孤独跟希望。

慢慢地行走，淡淡地留迹。

一晃，在小岛已扎根 21 年，终于越来越少有人问我是从哪里来的啦，约等于修成了正果。

感谢在经纬质密的坐标里找到小岛，发现这里历史之美、人文之美、生态之美，也找到了可以安慰的柔软心情。在你、我、他相互砥砺的人生前程里，找到了可以让素不相识到心心相印的久违感动。这番感动，我体味了刹那，而且正由刹那而入永恒。

这一城的人，天南海北的聚集，同城守望，比邻而居，和睦而为一家，何其珍贵！

私以为，该到一起的人迟早都会到一起的。我也相信，幸福的人，一定是有创造幸福的勇气和能力；幸福的人，一定是有一座幸福的城，这里的人正为此不懈努力。

游走在小岛随便的每一条街道，或者出入于低调复古的小酒馆儿，或者徜徉在沙软潮平的浅水湾，或者只是沉浸其中，总会快然而自足。“太阳城”“雨来散”“海浪花”，那些新旧更迭的美丽名字，让这座城充满了诗意，而我又何尝不是舞动在诗意和花间，应和着流年。

无他，舒服我以为就是对的。

我经常在小岛饮酒醉，今不曾饮，怎么还是有醉意，莫非梦里？昨晚的确有梦来过，此刻已无法剪接。既然，何不吃一盏茶，翻两页书，借此喂养一下格局，再添一缕春光？

喜欢这里的山、喜欢这里的海、喜欢汤河的先几个大弯儿又几个小弯儿；喜欢皮皮虾，喜欢八爪鱼，喜欢每一条与海岸线并列展开的街道，更喜欢这里的故事和传奇，以及每一个随顺喜乐、南腔北调的人。

爱秦皇岛，不要再问我从哪里来！

喜欢，便是了一切！

爱她，就为她奋斗！

微信 / 那一点点的信任

这是一个中国很大，世界很小；你我很近，心却很远，一切都透明、快捷到近乎直播的时代，也是一个和谁说话都很难的时代。难在你怀疑一切。一如跌倒的那位老者，在扶与不扶间，我们犹豫、彷徨，直至最终不得不冷酷地在煎熬中走开。

哎，还是走自己的路吧！

朋友一大堆，但究竟还是孤家寡人，顾影自怜的多。一天下来，尽管一肚子的话，但还是不愿说、不想说、不能说，因为说了也没什么意义，不如自己说给自己，失言失人都无妨，总可免于诟病。

不禁要问，这是我们想要的朋友圈吗？

为什么全世界都该睡的时候不睡，该醒的时候不醒，一旦开启癫狂的模式，又奔跑得那么匆忙？如疯如魔。

为什么都在苦苦地追问时间都去哪儿了？

为什么整日吃穿不愁却心绪不宁，浸淫其中，欲罢不能，一旦稍有“失联”就会茫然而不知所措？

我们到底是更自由了还是被网络绑架？

微信，难道真的仅存那一点点的信任了吗？

其实发微信就是每个人在不停地对世界喊话，宣示存在。呼啦啦加了无数的所谓好友，少为倾听，只想让自己成为舆论的领袖、关注的焦点，期待人人都为我的每一次发布点一万次的赞。而事实上，每个人都鲜以真面目示人，你看到的只是他（她）自我营销的海报而已，他（她）在九重门后窥视众生，而众生自然一样回以亦真亦幻。至于说，什么时候为谁在哪里开哪扇门，那是要费尽思量的，更不知谁是那个可以来去无碍、但说无妨的人。最悲哀的是，你锁了无数的门，竟不是锁住了别人，而是囚禁了自己。或者，从来根本就没人想要去造访你，只是你一厢情愿地觉得有人要来，多情到自恋，看完左面看右面，看到麻木；多情到自拍，从左手换到右手，拍到恶心，直到自恋的热情也没了。

于是，必将是空虚袭来，以为读懂，以为看透，其实只是累了、够了、烦了，所以不得不歇了、老了、算了。

难道不是吗？

长恨春归无觅处

世界哪儿都好 / 最爱秦皇岛 / 我在东长安街等你

万千气象，一度之间。

秦皇岛的地理坐标为北纬 39°24′ ～ 40°37′，南北跨 1°13′；东经 118°33′ ～ 119°51′，东西跨 1°18′。北京天安门的北纬 39°54′，与秦皇岛几乎是在同一纬度上，相当于说秦皇岛就在长安街的东向延长线上。依我测算，咱们的秦皇大街，或者河北大街很可能有一条与长安街完全重合。

再打开世界地图，你还会惊奇地发现美国首都华盛顿是北纬 38°53′，土耳其首都安卡拉是北纬 39° 55′，西班牙首都马德里是北纬 40° 25′。看到这饶有兴味的天地安排，凭谁也不禁感叹，这世界有点儿意思！

话说咱秦皇岛。就在这经纬一度的天地坐标里，千里燕山、万里长城、一湾碧海在此风云际会，演绎了秦皇岛包罗万象的豪迈、妩媚与传奇。

一度之间，一个响亮的名字。秦皇岛是中国唯一一座以帝王名号而得名的城市，也是中国唯一座既协办过亚运会，又协办过奥运会的地级市；有世界第一大能源输出港，又是闻名遐迩的“观鸟的麦加”。新中国成立后，北戴河成为党和国家领导人暑期休疗办公地，许多决定中国发展走向的重大方针政策就在这里诞生，素有中国“夏都”的美誉。

一度之间，一个璀璨的星空。不经意的一片金沙，也许就曾驻足过曹孟德的仰望，那道涌起的洪波也许就曾回应过伟人的吟唱，抑或首阳山依稀渺茫的采薇之歌，抑或望夫石上无尽的张望，还有饮马长城窟的剑气寒霜，还有五峰山那番难于描摹的“自然的美”，以及关于秦始皇那些不寐的传说。林林总总，星光熠熠，弥漫的何止是天空。

一度之间，一片神奇的热土。这是一座生机蓬勃的城市，7813平方千米的土地，殷实富庶。阡陌交通，往来自若；风物人情，相辅相成，造就了秦皇岛举世稀有的个性城市空间。徜徉在秦皇岛就是在山海间呼吸，就是在历史与现实间呼吸，就是在东西方文化的交融与碰撞间呼吸。倏忽之间，您就会莫名地升腾起一股此乐何极、幸甚至哉的万丈豪情。

一度之间，一个天作的格局。向西，是中西合璧北戴河，描不尽的蝶舞花飞；向东，是两京锁钥山海关，掩不住的巍峨壮美。向北，燕山逶迤，千岩竞秀；向南，面朝大海，浩瀚无垠。162.7千米参差的海岸线，引万绿丛林、抱万顷微澜，将这片热土豪华簇拥。正是这天地的赐予，才有了这钟灵毓秀、海岳天开的人间大美。

秦皇岛是首批沿海开放城市，与世界往来频密，襟怀与五大洲没有距离；是关里关外的千古要塞，多民族和睦共生，心与心没有距离；是京津后花园、长城滨海公园、渤海明珠城，人与自然没有距离；既是一座曾历沧桑，又魅力四射、少年锦时的城市，历史与现实没有距离。爱是她的城市品格，所以，休闲、生态、人文、创造的秦皇岛与一切世间的美好没有距离。

秦皇岛属于过去、现在、未来，也属于你、属于我、属于全世界！

来吧朋友！今晚8点半，我在东长安街的曹公酒吧等你，不见不散。

吴刚 / 老弟，拿酒来

吴刚，吾弟。

青年才俊，磊落光明。

数年前，一面于兰州，道貌相契，心意相通。之后，他于中原，我于燕赵，隔空而仰望。每闻其与友赤膊而醉书浪饮，或豪歌陌路，或浅唱迷途，尝见其展秀细瘦身条，听其自诩棍棒里的拳脚乾坤，我便喜不自禁，就微他、夸他、赞他、笑他，终是兄弟间无比乐事。

老弟书、画、印一家独揽，各自清绝。鉴其书、赏其画、品其印，到处五光十色之梦想，满眼于无声处之惊雷。仿佛一少年、一公子、一剑客，跨马追风而来，顿觉人生焕然，亦照我风华绝代，未尝不喜不自胜。

其字，散淡洒脱。虚无间，大开大合；得意处，恣肆汪洋；细微时，纤毫毕现；使转间，顾盼多情；疏阔处，万军无可阻；质密处，云气无可遁。

其画，酣畅淋漓。孤而不傲，一草一树一石一禽，朗照一枚天涯明月之心；卓尔不群，一静一动一张一弛，舞动一派妙道自然之趣。

其印，气韵天成。诗意江湖，捉笔为刀，刻朱刻白刻世间种种，快意恩仇；烟霞明灭，独步青峰，驻眼驻足驻心事悠悠，处处飞鸿。

其人，灿烂多情。吾弟快语，敢放言，常常言别人之欲言又止；敢探求，爱曲径通幽到前人未到处；敢坚持，从不屑他人说三道四，流短蜚长。

一壶酒，一支笔，一派小儿无赖；

一只鸟，一块石，一腔少年老成。

如此云云，非夸非捧，亦非说长道短。兄弟间，但持平一颗心，管他什么错乱。

老弟，几行粗糙的文字，不好，倒也是瞬间由衷写就，姑且一笑，千里万里送给你，也送给迷失的自己。

中原有弟，哥足矣！

兄 元祐

丁酉端午于不知堂

是啊 / 不苦那还叫修行吗

人生就是一次修行。

有时在山，有时在水。

有时看似处境宽阔无碍，竟是连转身都难。苦乐究竟是那般无常，又有什么可抱怨呢？毕竟，这世界我来了。

几乎人人都认为自己是在某种程度的错位上运行，因为生活中我们有太多不快，总觉得所做的并不是自己最喜欢的工作，生活也不是自己最想要的生活，遇到的也不是自己想要遇到的人。结果是，不这样还能怎样的隐忍和迁就。至于说一个人究竟应该干什么、能干什么、过怎样的生活。窃以为，当看其格局、造化和各种过去累计的总和。人不可不努力，但也绝不必勉强。不努力，辜负得太多；太艰辛，亦过于刻薄。好多的事终其一生也只是那么一遍遍想了再想而已，当然想想也好。力不及所负，才不及所任，即使偶尔如你所愿也未见得是好事，到头来要么败在格局不够，要么败在能力不足，小马拉大车终会是要了马的命的。孔夫子早就告诫过：“德薄而位尊，智小而谋大，力小而任重，鲜不及矣。”

当然，世界上也总不乏这样的人，场面越大越纵横。比如说千里走单骑的常山赵云赵子龙，过五关斩六将的关羽关云长，英勇的何止是传奇。犹记得刘邦和韩信的那次关于带兵打仗的经典对白，也实在是意味深长。

庄子说过：“且夫水之积也不厚，则其负大舟也无力。覆杯水于坳堂之上，则芥为之舟；置杯焉则胶，水浅而舟大也。”也就是说，能大事者若在窄浅处，就如同大船之置于小河；成小事者若在宽深处，亦如小舟之置于大海。对于二者来说，皆是困境死局，无以为用。所以，若是小舟，切莫迷情大海，那不是你的去处，不是你不勇敢，而是那里的任何一款游戏你都玩不起，未及出手你已是输家。若是大船，也请你莫到小河里企图破浪，一旦驶入，等待你的命运只有一个，高标孤立于浅浅的泥沼何异于困缧绁望洋而啜泣。

毕竟世间多得是这般亦真亦幻错乱的光阴，以为痛楚的也不只是你一个。

可是，不苦那还叫修行吗？

秦皇岛 / 千古唯此帝王名

秦皇岛，元气混茫。

她不鼓噪，不虚荣，她淡定从容，她笑看恩宠。

一直想以我与之二十年的朝夕，写一篇文章献给独一无二的秦皇岛，却始终找不到一个满意的切入点，只因她太美，我知之太少，认识又浅。今天的写仍是按捺不住冲动而已。当然，我说的美是掠过表层浮艳的那些历史的美、人文的美、生态的美，以及城市和乡村错落交织的美、直抵灵魂的原始的美。她的美，不同于妩媚的江南，因为她从不重于施脂弄粉；也不同于我来处——粗犷的北国。她更威严、浑厚而内敛，之于我是意味悠长的会心。她有的是中庸的气度、自然的造化、天地的安排，是历史的静谧、生态的模板、人文的梦乡。

时间，过往，她的气质只是慢慢地堆叠，悠缓地养成，以其特有的节奏和姿态一一面对。她无需迫切，一切的施加仿佛都是多余。她独立而沉着，睿智而多情。时序更迭，我知道她的俭素的光芒就在那里，越是历久越是动人心魄，越是走近越是沉稳平和，越是满目的温婉，越是不知该从何处说起。

久久凝视这片光辉的海，遥远、深邃、氤氲。山在海的这边，我兀自于其间，从繁华到巅峰，从孤独到谷底，突围的思绪里，能感觉自己浮躁的心渐渐平复，与潮水共波澜，与天光共柔顺，继而是自惭形秽，再然后便有一起超然后的感动了。

我曾无数次地描摹两千多年前的某一天，秦始皇的仪仗遮天蔽日地来到鸿蒙初起的渤海之滨，他要成仙而永生。只此一念，便开启了秦皇岛祈福求仙文化的帷幕。因为梦，汉武帝追随燕昭王、秦始皇的脚步，唐太宗来过，魏武帝来过，晋宣帝、北魏文成帝、北齐文宣帝、隋炀帝、唐太宗，以及康熙、雍正、乾隆、嘉庆、道光等帝王次第而来，或者是为巡视而来，或者是为长生不老而至，且不说究竟是为何而来，只是来了，我以为这就够了，这就足以让我们感到秦皇岛有多么的了不起！

史料记载，仅历代帝王、文人墨客、英雄虎将吟咏这片海的诗就有几百首，星罗在秦皇岛历史的长空里，灼灼其华、熠熠生辉。

“霓裳非本意，端拱且图王”，“方知小姑射，谁复语临汾”。唐太宗、隋炀帝这一咏一叹，实在是意味深长，令人玩味。

最最绕不过的是魏武帝曹操，他北击乌桓后立马碣石，横槊赋诗，给了秦皇岛一个天地的坐标，一条指向未来，一条指向浩瀚，正是这样的维度，奠定了秦皇岛傲然独立的人文格局。

“东临碣石，以观沧海。水何澹澹，山岛竦峙。树木丛生，百草丰茂。秋风萧瑟，洪波涌起。日月之行，若出其中。星汉灿烂，若出其里。幸甚至哉，歌以咏志。”

这是何其壮观辽阔的图景，气象之大、宇宙之洪荒，仿佛诗到此刻已再无论谁也不必诗。然而就在 1954 年夏，伟大领袖毛泽东以其一首《浪淘沙·北戴河》，冠盖古今，更胜一筹。

“大雨落幽燕，白浪滔天，秦皇岛外打鱼船。一片汪洋都不见，知向谁边？往事越千年，魏武挥鞭，东临碣石有遗篇。萧瑟秋风今又是，换了人间。”

这分明是巨人之间的隔空唱和，他们懂彼此，懂彼此心中的世界，更懂眼前的一切。他们吟咏的是诗，是万丈豪情，也是睥睨古今的心事。然而，为什么这些不朽之作会诞生在这里，却不是别处，尤其是涵盖了那么多的帝王跟风般的赞美。

非天开海岳无以概括秦皇岛之壮美，非一勺之多又何以说尽秦皇岛的低调谦和。其大无外，其小无内，这就是秦皇岛的深邃与旷达。世界上，有些美让人窒息，有些美让人只剩膜拜，而秦皇岛的美让人爱如初恋，想亲吻，想拥抱，想凤凰于飞，情定三生，就此永恒。

夷齐风骨，让我们向德源而溯流；五峰山，让我们擎赤旗而逐梦；道德楷模，让我们向美而生；英雄事迹，让我们从善如流。秦皇岛贵就贵在依天道而行，这是底蕴、是血脉、是精神，也是良知。

“面朝大海，春暖花开。”

这是海子留给秦皇岛的最为珍贵的礼物，仅此一句便足以幸福！

秦皇岛的美是历史的，也是现实的，它的本质是高贵的。这里的山是历史的一段，这里的水是时光的一节，这里的人是秦皇岛欢笑的脸谱。老龙头、碣石山、鸽子窝，终究是梦的轮廓，四季也不过是秦皇岛的丰富表情。然而，你只懂秦皇岛的脸谱和表情是不够的，你要不断地走入她更广博的内心世界，她于世间万物终归是相辅相成、周到而体贴。

尽管我怎么说，说的当然还远远不够。

所以你不必懂我，不懂我，你才会更懂秦皇岛。

创城 / 把汗水滴进秋天

今夏雨多，但汗不比雨少。

好快，转眼就到了秋天。

创城创了那么久，说不累，太假！说累，觉得自己没资格。因为有许多的人较我更累，他们的累较我更艰辛、更不舍昼夜。再说，“革命尚未成功”，我哪里敢累呀？

创城有我，说实话，有点意思。

就说今天吧！

一大早，老人家刚扫完路面，“那厮”（这几天正看《水浒传》）衣冠楚楚，就当着众人的面，肆无忌惮地把一串餐罢的垃圾，堂皇地丢在了清洁工的面前，转身而去。害得环卫的老人家只好又扫，一脸的无奈跟茫然，令人心酸不已。当时我就想，遇到这样的“泼皮”，果真是再好的香水，也敌不过一瓣“恶意”的大蒜。

你说，文明点儿咋就那么难呢？

尽管，我不欲战，但着实想骂人。

骂人就是丢人，何况面对半臂刺青的壮汉，我坚定地忍了。但我承认，我还是无声地骂了，尽管是那么不甘心和不痛快。

叫人生气的是，创城的时日也是不短了，任你是谁，有多么顽劣，耳闻目睹的那些挥汗如雨，总该有点儿良知和收敛吧？

好在“那厮”匆忙丢垃圾，只是为了快速赶过去屏护过街慌乱的爷孙。

对不起，是我误读了兄弟！弃小节、取大义没毛病，但不够完美。

请原谅，我只是迫切一切能更好。

以唐代诗人朱庆馀的《近试上张水部》来形容我们创城的当下，似乎贴切。

洞房昨夜停红烛，待晓堂前拜舅姑。

妆罢低声问夫婿，画眉深浅入时无？

此诗描写的是新娘去拜见公婆之前的心理状态。首句写成婚，次句写拜见。由于拜见是一件大事，所以她早早就起了床，在红烛光照中妆扮，等待天亮，好去堂前行礼。这时，她心里不免有点嘀咕，自己的打扮是不是很时髦呢？也就是说，能不能讨公婆的喜欢呢，最好先问问新郎。于是，有了这“画眉深浅入时无”的低声一问，妙不可言。

创城的此时，何异于这“待晓堂前拜舅姑”的前夜，总难免忐忑和期待，何况还有诸多的瑕疵不尽如人意，很多很多的身影依旧打拼在一线。私以为，能为创城豪情万丈地累上一回，当为殊荣！

当然，我知道小伙伴们有点儿累了！

但，这累必定是值得的！

秋风多厉，强饭为嘉。

加油，且把汗水滴进秋天！

愿你烂漫成海

多好！

远山虚拟如黛，注入眼眸。

可是，总有些馥郁不被认知，也总有些隐秘静默如辰。

比如，那些相呴以湿的心事。

行将六月，半岁的风雨、山水、河流、雾霭、雨霁正远，很难说，有多少结果因应了心意。于我，多是深一脚浅一脚的行程。一丝丝忐忑，附议着这春夏之交的天气，乍寒乍暖，究竟是脱也不是，穿也不是。哎，已然是够好的啦。有兄弟捧来的好书耀眼，佐以茶汤，沉湎其中，波澜不起，给我安慰。

近日的小岛多阴晦而未雨，但我深知一些雨滴正在集结，它们只需要一声惊雷，然后就会落给大地。从来就喜欢这将雨未雨时的恍惚，像极了每天都逶迤前往的迷失和憧憬，催促我欣然执念于那些不可辨识的希望，并为之不懈奋斗。

而早开的那些颜色，尽皆凋敝给了大地和记忆，从开到落，无论怎样的真实不虚，都更像小楼昨夜梦里的景象，倏忽而不可留，轰轰烈烈、空空唠唠、幽幽隐隐、悲悲戚戚。

俯身而望，城市喧嚣依旧，一丛丛的绿肥红瘦把城市隔离又包裹，鸟在树杪和楼宇间风飞，不去想那些匆匆的你们现在正在忙些什么，以至于未来到底要用什么样的经纬编织命运。

此心不动，时光不老。

愿我说出盛开时，你早已烂漫成海。

除却巫山不是云

秦皇岛 / 我就喜欢你鲜衣怒马的样子

五月，秦马季。

“宝马雕车香满路”，又一岁开满鲜花的秦马。

这是小岛新晋全国文明城后的第一届国际马拉松盛会。

且看她，“画眉深浅入时无”？

此时，此地。

鸟争鸣、花争艳，虾正鲜、你正来。

是热爱把你再次带回这里，是自我的催促，也是这座城的款款召唤。于是，千万个你从世界的各地千山万水地赶来，汇成这五月的浩荡。

为这，我早已恭候多时。

左岸是大海，涛声拍岸、鸥鸟伴飞；

右手是森林，绿野芳踪、蜂蝶绕簇。

抬望处，或纤云弄巧，或长烟一空，晴带彩，光带色，风含雨露，无处不弥漫着馥郁、芬芳、希望和生长。天开海岳，溪涧林泉，满足着那些视觉、听觉、嗅觉的，以及关于自然的所有欲望。于此，多一寸路程，就多一寸惬意之旅；深呼吸一口，就是厚爱自己一次。

没有之一，正如我去年所陈，不是所有的马拉松都叫秦马。

因为，秦马是一场穿越时光花海的美丽邀约，是燕山之请，渤海之邀；是一次梦回故地的我要再来，是脚步催促脚步的渴望，是心意契合心意的安排，是在小岛最好的时候拥抱了你。

不错，此刻您正以心神双畅的姿态奔跑在渤海的臂弯，在天与地、古与今、梦与现实交织的画风里，从时光的原点跑向岁月的天际，循着内心深处既定的航程。

汗水娉婷地落在嵌满诗意的幽燕，落在大海沉浑的呼吸里，也落到了扑簌离乱的万丈红尘里，遥对星河。

我问卿："何以乐跑？"

卿对曰："大美秦皇，乐跑，我就是她天地多情的小孩儿！"

且将新火试新茶

初夏。

桃焰殆尽，残延着唐诗的尾声，宏开着宋词的序曲。其妙，不可言喻。

梨花、桃花、白玉兰，如米之苔、旷野之英，自然而然。因着那些高贵自觉的启合转承，我努力用虔诚的心意记录沿途的斑驳，也曾对着那轮皎洁，许下诺言，誓不负这场宿命之约。

且歌、且舞、且醉、且欢。

此刻，我多想借这一盏生荒的新茶，将西山夕阳细碎成波浪，或者放飞梦想，或者收拢渴望；或者，一饮而尽这一缕一缕的明灭；或者，一笑而过这一滴一滴的流年。我知道，天地之大之遥之阔，足够我热爱，足够我激情或淡然，也足够我沉默。

于是，挥笔写下：

你不来，空留我，独对苍穹；痴与梦，谁为唤醒？你不来，再无尽，霁月光风；古与今，谁为见证？你不来，多少的，冷热峥嵘；爱与恨，谁为读懂？因为，你来；所以，我等。一朝，重逢；从此，一生。

竟也是，情不知所起，直想与这浩瀚层叠的生命寂然相守，日夜相安。

茶/流过此心的河流

茶乃嘉木，是自然的恩典。

茶醒在水里，如同翅膀遇到了天空、爱遇到了爱，就像我遇到了你。

爱茶的人，其实就是想与素朴结一段尘缘。

正是源于这份期许，才有了这恋人般的找寻、邂逅、对视、诉说和走问天涯，共持丰收、喜悦、荒寒、溽热、明媚跟雨季。我确信我的一部分灵魂早已嵌入了茶的印记和讯息，这也必将伴我于生，共我于殁。

龙井、大红袍、碧螺春、金骏眉……

呼唤这些美丽的名字，总有说不出的欢喜和感动。蛾眉中隐着烟雨，箫心里敛着剑气，氤氲着我读不尽的旖旎、缱绻、跌宕与迷乱。

青山如许，冽水如斯。

每颗茶都饱含沧桑、忧患、漂泊和远方的招邀，还有与生俱来的那份纯贞。端坐于前，春水青裳，水天一色的韵脚和恍惚，恰似山谷的诗意。岁月有无间，静洁如初。所有的相遇，注定都是万水千山的赶来和不知缘起的等候，扑朔着层层叠叠的喜泪歌吟。茶入衷肠，我便把这颗心当作种子来抚慰和滋养，随之清清澈澈，随之沉沉郁郁。

凝神而饮，最是体察天涯之远，领略群峰之秀，包括光影，包括云霞。一杯茶，就仿佛一树桃花瞬间拨亮的灯盏，引燃暗黑无疆的夜，照亮星斗，也逼退寒冰和烈阳。

俯仰之间，众相明灭。

爱茶，值此一念就注定了你的不俗，信我。

私以为，若阳光是写给今天的温暖，那么茶就是流过此心的河流，从古至今以至于未来，馥郁、清旷、幽远而平静。

禅坐于焉，为一种圣洁，打开自己。

于是，了然那些琐碎的爱恨和悲欢，不置可否。

画众生 / 予众生

“我心素已闲，清川澹如此。”

王维《过青溪水作》的这两句，可谓得尽空灵。

于我的道友中，若一位画家的作品可以被定义成文人境界，那此人必定是吴刚。

吴刚，小弟，书、画、印俱佳。少岁成名，尤以小楷，名噪江湖。

这里我只谈其画，其他，找百度就好了。

人就是这样，不是谁想有温度就有温度，也不是谁想高冷就能高冷。

有温度，你可能更谙人情世故，难却不难；能高冷，就是能更深切地体察天地的况味，不难却难。

不敢说他随心所欲，但已形神兼备，惟妙惟肖。

他的画洗去一切色相，不粘不滞，心无挂碍，空明澄澈。

他常好为几棵疏树、半池残荷、三五黑鸟、一座空庐，中间留白若茫茫湖水一片，空灵深邃。尺幅虽限，天地竟未知有多辽远旷阔。或黑白或淡彩，或顾影或自怜，或顾左右而言他，道尽了浮世沧桑、人生感慨。其状貌往往荒寒空寂，风格自是萧散超逸，却笔笔情深，耐人品咂。师造化、法心源的人格特质泛然纸上，每每赏来，那世间的栩栩暖凉、飒飒荣枯，都会直逼性灵而撩人魂魄，触目而惊心。

一时间，在红尘，出红尘，不离红尘，任谁都会乖然而不语，恭敬而放下。

那些的树、草、荷、禽，能简不繁，能笔不墨。那些的陋室，仿佛悠然南山的主人刚去远游，默然守望。那些的鸟闭目微瞑，冷而不退缩，聚而不鼓噪，静等主人归，不与世间取悦。那般温度，始终在冷凉间使转，目光却在沉静里喧嚣，进退双畅，恬淡冲和，一腔热血冷到谷底，忽而又热到峰巅，令人沉静而安慰。

他的画，正是他率性疏狂的映射，低调而奢华；也正是心属林泉的写照，纯粹且无染。

我说："这画一定是画给能懂他的人，也是画给他能懂要懂的人。"

他却说："画众生，予众生。"

不负春华不负卿

人间四月，到处都是花开的声音。

做些什么才能不负这和煦的春光呢？

想读书又惦记着写字，写字吧又怕耽误了饮茶，饮茶嘛又恐迟缓了踏向山河的脚步。结果留下了一堆的，比如彷徨、徘徊、踟蹰、纠结、逡巡，最后还是顾东顾不了西。

究竟是想要的太多，时间又太匆匆。

昨夜到底是下了一场雨，没有雷，没有闪电，只有细密的雨滴和梦中你的身影，沉醉、飘摇、安慰。思想里盛满了水质的感慨，犹记我透过唐诗华丽的枝头眺望，看你离我到底有多远？醒来，远山烟锁云横，城市晴光满眼。冬去未远，早放的花未免有些冷，而这冷凉中恰恰昂扬着时间的秩序、质感，诉说着生命的悲悯和善意，鼓荡着让我们走更远的力量。春天的本质是唤醒、孕育和启迪。

谁能留这芬芳不退，谁又能告诉我下一次的走近与走远？

都不要紧，要紧的是热情不减，脚步不歇。

多想抵近你，一秒钟的渴望就是一秒钟的喜悦和真诚，给你我胸口的温度。

许你陌上花开，看你前程似锦。

绿 / 刺破光阴的泥土

“崇情符远迹，清气溢素襟。”

春天，是梦里的承诺，一切都值得期待。

绿，刺破光阴的泥土，从一个山头到另一个山头，从一双眼到千万双眼，从一颗心到每一颗心，所到之处，尽皆绽放的雄心和生长的力量。

河流飘远，群峰叠翠，鸢飞戾天。

大地山河，一改倪瓒《幽涧寒松图》的空寂辽远，也不似黄公望《富春山居图》的迥出尘埃，而是天光云影，痴醉年华。初见的诗意，再望的沉迷，将我带入，忍不住欢喜。

这就是生命的信仰，这就是我要的春天。

听到了吗？周遭的天籁萦徊。

那潺缓，那婉幽，那望之蔚然的旷渺，那凤箫声动的沉挫，起承转合，不绝如缕。

雨，娉婷而至，仿佛被翅膀拍落的李唐的云锦、赵宋的梨花，从额头滚落，一颗接着一颗，涌向心头，也挂在绣满恩情的臂弯，很华丽，很疼，也很沧桑，写满了隐秘的心事。

在这烟霞出岫、目含春蕊、小草脱身而破大地的一刻，我多想听听你的回答。

还有多少苍白的秋风不可以放下？

或曰：再深厚的夜，也锁不住想要的光明。

去冬为什么少雪又多冷？

或曰：我早已不再计较往事、暖凉和疼痛，我只要我的成长。

希望这么隆重的陪伴不止一程！

或曰：此心相印，安得永年。

我不知道，一朵花开到什么程度才叫怒放，又香销到什么程度才叫无悔。但我确信，远在生命之前，梦想就已经存在；远在风起之前，心旌就已经启航；远在我来之前，你就已经怀抱了整个的春天。而那些不自主不自制的欲望，有的留在风中，有的埋在心底，有的淡泊绵长，可遇而不可求。

不禁感叹，我好爱这个世界啊！

既然，不妨就顺着心的指引，不泯然于众，欣然向远。

春安 / 欢喜 / 吾道不孤

“燕子不归春寂寂，鲤鱼无信路遥遥。”

冬天不知去向，雪花也都沉入了梦的谷底。

春山浅黛，绿水人家。一时多少明媚，取之不尽。

轻拢慢捻，俯仰间，春天就来了。什么都是暖暖的，我偏偏就喜欢这份随意。

春雷、呼喊与细雨，仿佛身体里暗涌着的顿挫的歌声；海风、文字跟人心，在突然变慢的时间里簇拥着看得见的从容。鲜活的土地，细碎的初阳，烘托着每一个从冬天里走来的脚步。山青隐隐，柳烟淡淡。一切仿佛等待，沉默的也是歌。它们急迫、克制而有序，次第着春天的烂漫和雍容。

出去走走吧，我劝你不要太耀眼！

站在此刻的春天，一个刚刚更新了的春天，凝视一树待放的花蕾，以及枝干上的创伤与泪痕，我若有所思，我缄默无语。

问过往，究竟盛放了些什么？！

我必须专心写下此刻。

写鲁酒，写齐歌；写永和九年，写贺兰山缺；写风住沉香花已尽，写飞鸟东西去复还；写举目远眺的往事，写姹紫嫣红的对错；写结绳记事的迷惘，写岁寒香冷的陈年；写一片羽毛抟转飞升，写一封信寄给苍茫；写沉浸在回忆中，也写被回忆唤醒；写淬血的劫后余生，也写梦里的颠沛流离；写四季、写轮回，也写敬畏、深情跟每天的你。

我多么希望你走来，你迎着光来，背后是整个的春天，而春天就是你的样子。

如此，甚好……

绿杨烟外晓寒轻

以梦为马/诗酒趁年华

下班回来搭兄弟的车，途间接上他下学的小孩，温婉的一个小姑娘，与我很亲切，叫我大大。我问她好久未见可是想我了，她说想了，我们就各自欢喜。兄弟让她背段诗文给我，她脱口便是“岱宗夫如何，齐鲁青未了。造化钟神秀，阴阳割昏晓”，一时清绝。

于是，我们玩起了飞花令。

我确信，七八岁的声音必是今天赠给我的最美的歌声。

当然，也还不止这一处，唯不说才更好。

夕阳西下，倦鸟飞还。

忽然念起前些时候的一次宿醉，不免生出了许多感慨。

情有种种，就会爱有种种；人有千千，就会醉有千千。

一人醉，他的天下就都醉了。

一场醉，痛饮狂歌，其实也未必真的要什么理由。

人在旅途，好多的外在的光鲜，或者恰恰是心灵泣血的歌唱，酒就是显影的液。

那醉后的脚步，再平坦的路也会走出踉跄的山峦，再笔直的路也会迈出诡异的曲线。会一时疏狂，也会醒来后悔。醒着的眼，当然也注定无法完全读懂那个醉着的世界，而那个世界太繁华也太寂寞、太缥缈也太沉重、太光明也太隐秘。只有在烈酒入肠后，方能唤醒眼见、心动和忆及的一切庸俗、高贵和向往，才能出现人性与神性的滚烫交织，或者很美，或者很丑，我莫衷一是。

凡·高说："钟情苦艾，仰望星空。"

李白说："已闻清比圣，复道浊如贤。"

白居易说："百事尽除去，唯余酒与诗。"

这些，就是他们带给我的关于饮酒的怂恿和鼓动。

试想，倘若无酒，何以活脱出这些与大地拥抱的赤子，何以能从镜花水月中飞出美丽的蝴蝶，何以一次又一次总让我以梦为马，忆起那中国的稻田和周天子的雪山。

然而，由凡入圣是快乐的，而还俗又是痛苦的。

当然，未醉过，你不懂。

其实，没醉过并证明不了你在人世间的清白与清醒，只能说你还不够纯粹、性情和顽劣。

醉过可以就是罪过。

当然，醉名成立，却又何罪之有？！

奋斗 / 是最好的修行

不必呼唤，世界已然醒来。

大地蓄势而新，到处都是春天的消息，温润可人！

春天，其实就是生命强势地从冰封中挣脱，从萧索中开悟，就是那些沉睡的种子、根茎、叶脉、凝结的河流，以及诸多细碎、沉寂的美好，不约而同地说好见面、奔跑、玩耍、狂欢，并以此回应岁月的恩典。

太阳，徐徐向我。

绿、生长、喜悦，欢欣地在每个人的心中孕育、升腾，连脚步甚至都快了许多！而我恰好在这里，和所有的生命一同感受这正大和光明的迎面而来。

一颗心，早已是草长莺飞！

此刻，醒来的不只是色彩、声音、馥郁、山河，还有翅膀、表达、梦想，以及再出发的甜蜜初心。当然，一定还有不远处你春风的面颊，和隐在《诗经》里待放的桃花。

有了这些，已然足矣！

未来，能怎样，会怎样，我便不再追问。

人生，难免苦难磨砺，难免红尘牵挂。

于是，那些羞涩的爱和疼痛，不提也罢，当然提亦无妨。管它苦乐悲欢，私以为，能下酒的都是菜。

来是一次故意，也是一次偶然。

就算路尽一生也只不过是一次徒劳的无功而返，那又如何呢？！

来了，就是为了一场与自己的缠斗，与命运的对决。而奋斗，是最好的修行！

既如此，去奋斗吧！

只有够拼，今生的你才有可能不虚此行！

明媚 / 是你给我的力量

最冷的时候，上苍给我们安排了一个最具温度的节日，这就是年。

它就像一个火炉，被爱、被希望、被愿念，围拢和簇拥，光焰照亮每一张交相辉映的脸。当然，也还有照不到的隐秘心事。

又有什么关系呢？！不完满的才是人生。

何况，再无人知，总有一人懂。当然，不排除那个人可能就是你自己。

七天的假期，苦等却难留，迎来的是忐忑的归心，转又送走了踟蹰的背影，仿佛倒计时的读秒，催促我们要以开始的心，作别昨日，恭迎新曙。

虽说一元复始，万象更新，但一步迈出，依旧还是那个从来烟雨莽苍的世界，拂我、逆我、疼我、顺我，我欣然接受。否则，一颗心，将会多么荒凉、多么欢喜、多么骄纵，又多么的不知所以。

我断然相信，在绣满图腾的掌心中，必是紧攥着命运的源头。

春光正艳，真好！明媚是你给我的力量。

不要怕道阻且长，不要怕方向飘忽，只要我们的灵魂始终在高蹈之上，坚定地行进，那些光阴的碎片必将可以缤纷成花瓣，在眼里、在心中、在陌上，在执子之手、在一往而深，凭空、无故，驭自由而飞旋。而所有的因果经由，其实无非是为了把打磨后的一个最好的自己交给某一天，交给某一人，交给某一段尘缘，交给某一轮宿命。

如此，好吧！

就把这款款而来的春天，权当只为你而来。

冬去春来。我确信，一万种凋零，就是一万种新生。

既然大地需要温暖，那就让我们用深情和奋斗来安慰人间吧！

人生 / 每一步都算数

生命是飞出的箭镞，你在，就是它在飞。

从母体出发，人生的每一步都无可逆转，多远、多高、多快，具有怎样的弧线，既是变数亦是定数。每一步、每一瞬、每一念都算数。

即便如此，奋斗也必须是每个人应有的姿态，不可疑、不可慢。

走着走着才发现，我们并不善于从背影审视自己的处世状态，常常是过多地经营正面和修饰外在，以期自信、光鲜和提升。尽管无可厚非，但的确稀薄了对自己的内在鞭策、鼓舞和考量。而每一个背影都对应一个血肉之躯。同样，在每一个胸膛里也都装着一盏心灯，能发怎样的光，能照多大的范围，是照己、照人，还是照乾坤，但凭造化、使命和格局。偶尔的对镜梳妆，不想、不愿、不敢面对的不是脸，而是眼睛，那双本不该分别忠奸善恶的无辜的眼。因为正是这双眼看到了脸上的纵横，看到鬓角的风霜，也看破了心中的隐秘和凛冽的江湖。而眼睛看到的一切，恰恰是心灵百般纠结的似懂非懂的一切，是真迹也是幻影，明明是镜花水月，明明是雁过寒潭了无痕，竟装满了全部的欢喜和忧患。

时光，不老。

敦促我们出发的是自己，这敦促归结于使命，就是飞，飞出自己。

新年伊始，走原路、走老路，还是步新途，等待我们抉择并付诸行动。

安于现状，终是希望的归隐；寻找突破，才是生命的拓张。

“幸福是奋斗出来的。”

是的，人生多风雨。然而，欲是可畏，欲是要人生无惧。逆风何似风初起，遇雨权当泪未干。一心向前、向远、向善、向好，无论怎样的转折，无论是独行，还是结伴，我们都要不虚此行。每个人穷其一生也都是在一个单行线上行进，黄河亦曲。于是，某些的走弯或走错在所难免，难就难在要时时惕励和纠错。可否能目光坚定永朝大海，可否能步履轻盈永指峰巅。而每一步无论是对错也必将朝向遥远，也指向归途。无论小步抑或大旅，是人生，更是哲学，关乎每个人的起伏转折，也关乎存在的意义。

所以，一个人只拥有物质是不够的，还要拥有心中的大漠，梦里的孤烟，独钓的江雪，脚下的山河，一天的朗月，万古的初阳；一个人光有梦想也是不够的，还要有坚贞的信念，成功的勇气，正确的道路，坚毅的品质，超常的担当，抵达的能力。

是的，人生，每一步都算数。

最是一年春好处

18 岁 / 活出自己喜欢的样子

“初岁元祚，吉日惟良。”

新年，我不只是单纯地顾念住在我心里的那些人的安暖。

还有时代的中国，还有烟尘的世界。

朋友圈怀念的文字，或哀感顽艳，或轻拢慢捻，写满了对新一年的憧憬，也凝集了对故岁的谢忱。

过去的一年，改变了许多，或者也是不了了之。

“那一年，花开得不是最好，可是还好，我遇到你；那一年，花开得好极了，好像专是为了你；那一年，花开得很迟，还好，有你。”

难忘和你在大荒之野里的欢喜相随，一路笑跑；难忘和小岛的一道奋斗不歇，激情走过；难忘和大中国的强劲呼吸一起脉动，唤醒了因应时代的新自己。

你好，小岛！

你好，中国！

你好，2018！

你好，每一个经风历雨的高贵灵魂！

我知道，有时候不是看起来你很累的样子，因为你真的很累。

我知道，有时候不是看起来你很开心的样子，因为你没有时间哭泣。

我知道，有时候不是看起来你很强大的样子，因为你必须要扛得住。

“万物皆有裂痛，但那又有什么关系，那是光照进来的地方。”

当下，已然是最好，要不然呢？！何况，你已足够的努力和精彩。

面对那些不在的在，以及那些在的不在，选择沉默还是遗忘，是被动地应对，还是主动地迎击，新年体贴地劝我们卸下手中的沉重，请把心暂且归位到安稳处，给奔波一个歇脚的机会。

诚实面对自己的内心，坦诚表达自己的想法，坚定地做自己，选择并为之奋斗，这对我们意义非凡。

事实上，只要身无痛疾，心无块垒，便是人生的妙岁芳华，唯精进是道。人生逆旅，我亦行人。选择与谁同行，有时比要去的远方更重要。新的一年，愿你与那些明亮而不刺眼，独立而不盲从的有趣灵魂一同绽放，诚挚而又高傲地开在自己的春天里。对于生活，风雨是意外也是必须，是破坏也是重建，是残酷也是温情，恕我来也不迎，去也不送。要好生经营自己，尽管磕磕绊绊在所难免，但皮囊易损，妥管为上。要记得，寄身在这个凡事都要比拼的世界，你可以恨，但你必须爱；你可以恐惧，但必须无畏；你可以受伤，但必须迎战。谁也不必过度承担谁的现在或未来，相信每个人都有强大自己的渴望和愿力，关键是我们能否在他人需要的时候，给一次强有力的有效的托举。谁也不需要做到时刻都光芒万丈。私以为，只要不给身边的人带来负面的影响，就是你的修养。

日子不会驻留，这是它的天性。

我知道，春天的绿正积蓄着欲把地皮撑开，泥土中的种子正在为结出最好的果实而进取。我们共勉，不管做什么，都不要急于求回报，因为播种和收获不在同一个季节，中间隔着的一段时区，我们管它叫坚持，叫践行，也叫奋斗。

过去仿佛未去，未来确定已来。而我们始终处在新旧之间顾盼。

莎士比亚说：“凭着日晷上潜私的阴影，你也能知道时间在偷偷地走向亘古。”

过去的付出，必定相系未来的情感。

可否能在喧嚣的人群中浅吟低唱，含蓄而内敛地释放着温煦的光芒。

可否能在跌宕的峰谷里纵马关山，舍我其谁地领命承载，笑傲因果。

可否能在岁月的年轮里温柔以待，不迷不失地朝向心中的灯塔，风雨兼程。

2017，你所有的努力终将有所回报。

2018，请务必活出自己喜欢的样子。

诗歌

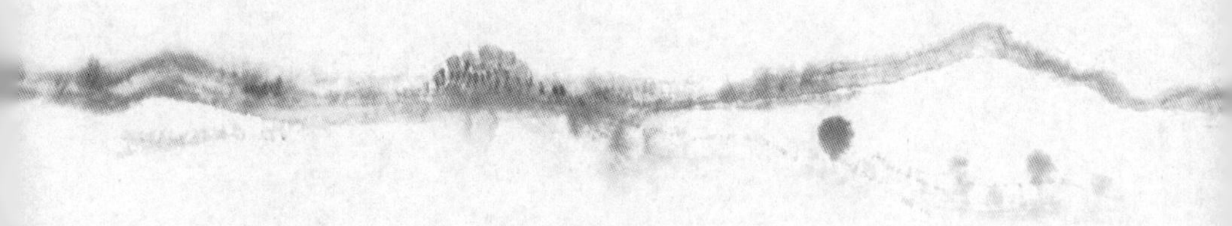

何时击节披鹤氅 / 为君醉舞琼林间

梦

一盏灯
隔着千嶂暗
一块圆缺，与我何干
醒来拼接悲欢的碎片
还原
青花的碗

轮替

青春
留不下的旧爱
未来
挡不住的新欢

醉了

移步
踉跄的山峦
放眼
幽谧的河汉
树是兄弟觥筹的影
月是筛酒的碗

如是

肉体在乾坤里挪移
灵魂于幻灭中游弋
一个偌大的世界
一个渺小的自己
一张混沌的网
一条迷惘的鱼

相信

正因为
相信了过去
所以，我不再相信未来
正因为
相信了你
所以，我不再相信自己

夜

风高的夜里
遥远的星漫不经心
月也不只是照我
黑色
深邃而安宁

清福

一段
独处的光阴
一段
一个人的寂寞

岁月

一条无岸的河
各色的船
各自的前程
各自的宿命

一念

心若不乱
世界
就永远不会乱
心若不冷
世界
就永远没有冬天

秋

让无限繁华褪去
给明春
留下生命的种子

对话

我仰望星空并与之对话
他不言，我不语
却彼此明白

故乡

别时
你在我心里
归来
我在你怀里

下午

静静的
这世界
被风卷起的落叶
沉入春天时的河
欢乐的颂
悲壮的歌

草色遥看近却无

落叶荒陈乱比鳞 / 但拾一片寄余心

疏影

这青春的脸谱
好美
像极了百川归海的河流
那深刻的
启示
初见时
我懂了一下
但
我是如此快速地回到平凡

火烧云

振天之翼
秀舞于燕脊
满城的

停杯投箸
引颈立趾
面西的不饮而醉
一帧帧
一页页
万众狂拍
刷疯了你的美
湮没了
错与对

念头

很多的念头
在过往中堆积
栖于生命的一隅
唯心有知
而某一天的说出来
绝非我临时动议
只是这一刻
不再沉默

究竟

究竟是
喜欢
究竟是喜欢的太少
究竟是
无奈
究竟是无奈的太多

母球

被击打的
总是你
最后留下的
也只有你
攻守
黑白之间
胜负
人心之上

文化

不同的色彩和音符
盘旋在时光之上
穿插着追逐着碰撞着
风化着繁衍着辉映着
批评着否定着歌颂着
枯萎着复活着争论着

林间暖酒烧红叶 / 石上题诗扫绿苔

昨日黄昏

一城
打碎琉璃的花香
艳帜高扬

一天
醉酒迟归的夕阳
绝世无双

一对
追梦飞风的羽翼
将之何处

一个
煮字疗饥的皮囊
索尽枯肠

黎明

黑夜
终将有竟
等
也是一种奋斗

龙灯花鼓夜

卿卿的一轮
是皓朗的初心
匆匆的那年
是斗乱的烟尘
谢谢你
无弦处
听我乱弹心曲
无痛时
纵我矫作呻吟
酩酊后
谅我豪掷狂狷
喜乐间
许我妄评浮沉
谢谢你
我的爱我的恨我的神

真相

这个世界不复杂
从来就那么简单
不要说我们把世界整复杂了

你没那个能力
很多的时候
是我们自己把自己整复杂了

一梦

梦见我丢
我这是在哪儿啊
陌生的熟悉
清晰的错乱
短暂的夜
几世几劫的梦途
故乡
他乡
梦乡
醒来时
泪流满面

床下何人闻斗蚁 / 唤起春雷来洗耳

饮茶

一个人
一壶茶
一场秋
一蓑烟雨

定位

我不好大
谁能小我
我不好洁
谁能污我

所以

高

你办不到
低
你心不甘
所以
你疼痛

心相

一个人
相貌怎样
心就怎样
相貌正大
心坏也坏不到哪儿去
相貌猥琐
心好也好不到哪儿去
相貌是心的表情
心是灵魂的投影

告白

我是喜欢你的容貌
但吸引我的是你的灵魂
我是喜欢你的声音
但吸引我的是你的思想

东西

不歌唱创造
不歌唱劳动

不歌唱人民生命和友爱的东西
都不是好东西

慎行

不小心打了一只玻璃杯
忽然想起了
卷帘大将在天宫御宴上的那次失手
心有余悸

读书

不知
经历了几世几劫
才修成的人身
若不好好读书
恐怕会提早现回了原形的

供养

食物是用来供养身体的
睡眠是用来供养精神的
只有文化
才是用来供养灵魂的

多情最是兰窗蝶 / 长绕琼华蕊上飞

奋斗

登顶的那场哭
是因为眼前花开似海
耳畔掌声如潮
山脚的那场笑
是因为明白了一切已晚
后悔了一事无成
要么
把痛楚洒在成功的路上
要么
把遗憾祭在失败的坟前

一切

一切的成功
都是做人的成功

一切的问题
都是时间的问题
一切的绽放
都是人心的绽放
一切的崛起
都是意志的崛起
一切的轮回
都是因果的轮回

活着

从未经历过的
苦难
跨过去
就是从未有过的坚强

看你

不走
再顺的风也是无用
不走
山会永远陪
可水绝不会等
最危险的悬崖
对于蹦极者和自杀者一样
都是诱惑

岁月

春夏秋冬
是一年的四季
盈亏来去
不是它欺人太甚
是你太喜怒无常

赞美

无论是对谁
请放心
只要是真诚的赞美
就没有冒犯

人生

走着走着就累了
用着用着就废了
说着说着就睡了

距离

太近了
往往会伤于随意
太远了
又怕冷落了你
这就是我
之所以同你保持距离

恰似春风相欺得

何当袖取瑶琴去 / 清坐焚香奏履香

谢忱

落叶的北国
风雨消歇
隔着盛世的霾
爱恨相知
觉悟相识
带上激情和梦想
管它
恨比爱多
泪比雨多

无题

世界没那么正经
习惯才好

下午茶

滇红
太阳的颜色
一饮而尽
把热爱装入胸膛

关系

关系万千重
世界和我
仅此而已

明白

想明白
想不明白
想明白了做不明白
想明白了不想做明白
想不明白也做不明白

梦

那座城
从未谋面
今夜
竟鬼使神差的我来了
城门虚掩
城外只有我和

随我来的初冬的海风
眼前
陌生的都市
撩人的灯影
是谁故意抛我一声明媚的笑
然后
戛然而止
天空
北斗星诡谲一瞥
还要等多久
还要霜几重
谁会呼我入城
谁会邀我夜饮
时间已不够用
我还要趁这星夜返程
如果可以
能否敞开这门
让我和我的风
别虚此行
哪怕转身就走
就算白跑一遭也好
我知道我将醒
我极力地挽留这有甜咸的梦境
真的无能为力了
只是太匆忙
竟把一颗心落在了那里
从此
这世上又多了
一个无心的人

坐望

手捧一杯苦茶
坐忘浮名
眼望一天寒云
心对虚空
是一路放逐的涕泣
还是一腔琴瑟的和鸣

生不伤痛
死不伤痛
生死伤痛

人不寂寞
心不寂寞
人心寂寞

关系

与我有关
有什么关系
与我无关
就更没有什么关系了

每个人

每个人
都自带风水
再渺小
也有属于自己的星座

世间万万人 / 飘转混泥途

省着用

身体是自己的
别人能做的
不过是在你挂了的时候
有钱捧个钱场
没钱捧个人场

恭迎

又一轮
落叶覆盖了落叶
秋雨淋湿了秋雨
火烧没了云
大地被埋入黑色的劫灰
星星是
针尖刺破挑出的光

黑衣的碎片纷纷地退去
恭迎光明的王

命

从今冬
雪后的清晨
我要扫出一块空地
喂食那些饥寒的鸟
一这般想
就开始高兴了
它们和我
这些劫后余生的命啊

俗物

喝茶
肚子里总得先有点油水
吃酒
眼前不能没三两碟儿小菜儿
诗书是皮囊最好的填充物
就像给船舱压几块石头
很有必要
不足之处以茶酒补之
烟云水气
谁还能笑你是俗物

看海

就这样
安静地面对
迎你来
送你去
整个的下午
不着一句的聚散
一段你懂我懂的尘缘

低眉的灶火 / 带血的乡愁

吃茶去

吃茶去
茶是山林泠翠的清音
茶是烟波明媚的歌喉
吃茶去
茶是红尘料峭的冰花
茶是乾坤倒转的洪流
吃茶去
茶是东方披雨的早霞
茶是秋江泛月的渔舟
吃茶去
茶是老屋低眉的灶火
茶是儿心带血的乡愁
茶是天地之德
茶是静躁之君
茶是清凉的世界
茶是迷失的你我

正经

确实挺正经
问题是
想不正经了
可是谁跟你呀
何况你正经
人家还说你不正经呢
你要是真不正经了
那就更不正经了
正经的最高境界是
不是你想和谁不正经
而是
谁都想和你不正经
不正经后
又都张口闭口地说你相当正经
那就厉害了

鸡妈妈

自己不会飞
下了一个蛋
孵出来一只小鸡
非得让人家飞
不能说不可能
但可能性不大

你呀

从不原谅世界

从来也不以为纵容了自己
所以世界从来都对不起你
改造世界难
改造自己比改造世界更难

虽期身处天正好 / 阴晴何必与天同

闰土

乡下的小哥
鲁迅的伙伴
儿时的欢乐

年代

省略了知交
也模糊了兄弟
一如
雨也是雪
雪也是霜

选项

面对两端
是挤进人群
还是独对大山
是沉默
还是遗忘
我总是不知所措

冬意

清寒的大地
草木坚瘦
线质之美
不净不垢
太阳大如今夏
霜花开满晴昼
鸟立在唐诗的树杪
一双宋词的眸

蜘蛛网

千疮百孔的网
小飞虫的残骸
哭泣的翼
凋敝的生死场
网已无人再去缝补
冬天
没有战事
也颓圮了

刀光剑影的时光

无常

友谊
在明媚的眼前
也在霜河的对岸
不变是常
变也是常
这就是无常

真理

白和黑
不是对立的
是两个不同的颜色
春和秋
不是对立的
是两个不同的季节
上和下
不是对立的
是两个不同的方位
对和错
不是对立的
是两个不同的结果
生和死
不是对立的
是两个不同的存在
男和女

不是对立的
是一对欢喜的冤家
阴阳是道
美丑是表
相对才是真理

花开彼岸本无岸

忽忽身如梦 / 迢迢日似年

冬湖

水面不冰
波心未冷
青黄带雪的落叶
一池未洗的莲

闯关东

关东
山海关东门
关里与关外
一堵墙而已
多少的命曾青春向北
多少的梦正白发归程

资格

为人儿女
做再多得多都不足以
于是才有资格
为人父母

新人

打包所有的悲欢
唤个快递
寄向根本没有的远方
不留任何信息
让它退无所退
管它寄无所寄
然后
新人

等车

每一秒都是焦虑
每一秒都是隐忍
每一秒都是临界
每一秒都是心降服心魔

谦恭

谦恭
是友谊的起点

没有了谦恭
友谊便开始走向没落

放肆

有一种认可叫
怎么做都对
有一种偏见叫
做什么都错
对错没有斤两
良善岂能无凭

世界以痛吻我 / 我要报之以歌

感恩

回报他人的帮助
恩，因心而起
心就是爱，也是缘
感恩
不只是回应父母、亲人的恩德
也不只是朋友
还有时代和萤火
是回应一切的遇见
而一切，都是早已的安排
没年没月
无对无错
甚至苦难，甚至敌人
也是宝贵的恩德

人生，一场修行
无所质疑

玄奘遇见的
我们都会遇见，甚至
百倍地遇见
人生即是以苦拔苦
没有苦拿什么盛喜乐
没有苦拿什么淬今生
玄奘赢在了不忘
佛祖菩萨玉帝唐王众生
而我们一败再败
败在了信仰和品格的摇摆与停顿
甚至黯淡了一颗赤子的心
败是救赎，败当然是恩德

心，斜月三星
是慈悲，也是欲望
一切的障终归是心障
一切的魔到底是心魔
风雨雷电
来去都是诛心的劫
诛你、诛我
诛，就会痛或死亡
痛说明还活着
死亡之后是什么，我不知
所以，痛和死亡也是恩德

见过，即是爱过
痛过，才是来过
感恩，就是用最好的自己回答世界

片片互玲珑 / 飞扬玉漏终

安抚

我急需的
是一杯今天救命的水
你却许我一泓明日没准儿的泉
不是你安抚我等多久
而是我还能挺多久

未必

不是出了汗就不冷
不是笑着就一定幸福
不是没醒就一定都在睡
一切都未必

命运

城里的树
荣华富贵
冬天冷有人包养
夏天风有人搀扶
老岭的树
自生自灭
冬天被无视千年
夏天被赞美千年

叮咛

瓢泼的大雪
鹅毛的大雨
很多时候
爸妈的错乱
只是迫不及待地想要叮咛

色难

小时候
我们小心翼翼
长大了
爸妈小心翼翼
呜呼
谁的羞
谁的丑

对话

爸，你老了
放心
爷奶尚在，宝贝还小
爸，不会老
也不敢老

历史

此一时，彼一时
无论谁
也还原不了当时的发生
历史是谜
永无谜底

字典

反对，就是不同意
愿意，就是心里想要
支持，就是我在背后爱你

如果

都发生了
还如果什么
要么，迎难而上
要么，顺势而为

见过即是爱过 / 痛过才是来过

匾额

不是，哪个夜
都一样黑
月亮，星星
未必清楚自己是谁
掬银河的水
我要痛饮一回
一步一颠
顶着，昨天的雨今天的雷
额头高耸
是正大光明的匾
也是无字的碑

爱你

为什么

风刮起的是落叶
颠簸的却是我
童年已老旧
何况，本就不值一提
眼睛如同塌陷的河
能看见的
都是我不想见的
除了你
我便没有什么不舍

盼望

路再丑，还叫作路
风破碎了，也还是风
谁能保证
等你老了
还有人能叫你人

妈祖

海
一次次
撞叩大地的门
大地置之不理
醒也不醒，醒也不应
庙里，一尊泥塑的神
海不信
人信

缺不缺

心眼不缺，缺的是肝胆
能力不缺，缺的是担当
热情不缺，缺的是信仰
速度不缺，缺的是方向
理想不缺，缺的是坚定
思路不缺，缺的是格局
文化不缺，缺的是修养
欲望不缺，缺的是满足
突破不缺，缺的是底线
朋友不缺，缺的是知己
尖酸不缺，缺的是慈悲
苦难不缺，缺的是辉煌

记得 / 每天和世界打个招呼

现实

站在世界的一边
世界
不屑看我一眼
站在世界的对面
世界
立刻与我宣战

错过

太阳只留一颗
月亮只留一颗
当下午靠近黄昏
那浩瀚的小米的光
围成星座
我把那模糊的群体

叫作银河
海水从山的另一侧赶来
梦和长夜
刚刚泪别

时人

太多的不想
又不能不想
一想
就开始悲伤
害怕被打扰
更害怕被遗忘
渴望远走
又怕饮恨他乡
想要接纳
又怕无力补偿
万丈的雄心
替罪的羔羊
想找回最初的自己
竟耗尽了一生的时光

严冬

冬天来了
一只鸟还披着春天的羽毛
绕尽寒枝
低回冰冷的巢
转弯时

天地苍茫无限意

她看到了我
我看到了泪光

世界

打开车窗
看着混乱的街
穿插的道路
宛若交织干旱的河
鱼立起来行走
烟尘上
一队黑色的白鸽

辩证

你欢喜邀约的一场雪
对于无家可归的人
也许是
一道关乎死亡的伤口

归还

脚步泛滥的时候
人心开始掠夺
听不见鸟的歌声
无暇弯弯的月
就算给你整个的世界
我真不知道
你能把它放哪儿

听话
把自己归还给世界

不过如此

过去
不止是过去
未来
也不止是未来
俯仰间
一生
也不过是
一颦一笑

如是观

生命
是一次回答
一声声
有时
一声就是一生

第一关

端坐在
你推我搡的大地上
听一场雨
看一场烟
巍峨在

孰是孰非的长河里
睁一只眼
闭一只眼

累因

拿起时怕沉
放下了又不舍
总是
你比我好
总是
他比我多
终归是
心比天高
命比纸薄

以君临的姿态 / 同频这美丽新世界

别过

过去的一切
冷的热的丑的美的
一一别过，也
一一谢过
从今天
我要像每一条河
朝着海的方向
不舍昼夜

真相

世间没有
如果一定要有
那么，假
是唯一的真相

而时间，是
最大的谎言

追寻

城，夜的囚徒
我，梦的遗孤
放弃，就要手起刀落
追寻，一定铁马冰河

船

静静地泊在沙洲
不屑与谁争论不休
梦在彼岸
也在浪子的船头

公众号

大荒之野
我的浪荡深情
我的繁华世界
昨天的我
今天的我
是我
非我
她知道冷暖
我不知道对错

迷迭的光影
天与地隔着风雷
烟云，惚惚恍恍
雪山，峨峨巍巍
太阳如醉
星，另一种山河
夜，巨大的谦卑

逍遥的草
虚掩着花豹的背
禅修的树
缤纷着蝴蝶的飞
山丘连绵向远
风和鹰巡视着无极的边陲

河水舒缓
鱼，不去不归
时间和空气呀
消散了轮回
鸟不管不顾地唱啊
花，放纵地美

一切，道是寻常
一切，无关理想
一切呀，别来无恙

大荒之野
永乐年诞生的名字
唯有这里
放得下我心中的苍茫

诗 / 梦里写给自己的安慰

腊八粥

一粒米一个心愿
一颗豆一颗菩提的种子
心愿与种子
在水中相遇
在火的热情里
幸福拥抱

祝福

在汤河被遗忘的
冬天，或者
在鸽子窝被唤醒的
春天，不管多远
也不管多晚
给你的祝福

一如我曾在的佛前

容器

爱是一种容器
恨也是一种容器
装进什么
就是装什么的容器

恨，最先摧毁自己
爱，比金刚更无敌

远山

一睁眼
晨光熠熠
远山浮现
这是属于大家的
那些晴翠的云烟
或急或缓
未曾离开
就已开始怀念

心愿

从夜出发
迈向春天
或宽或窄的街道
风刮着脸

也剥蚀着誓言
怀抱一颗凡心
眼望登峰的雪莲
其实
我也就欢乐
这一个心愿
和你并肩

散去

太阳来，夜散去
我一醒，梦散去

泪

能哭出来的是水
哭不出来的才是泪
有时候
哭瞎了眼
也堵不住泪泉

诗

梦里
写给自己的安慰
让你看
因为
想让你听见

有雪 / 就是幸福的冬天

致柔

北风急，穿行冰冻的溪
凤鸟啼，打破乾坤的寂
隆冬雪，虚掩新年庄严的大地
昨日不提，明天再议
睿智的你，点染烟霞千万里
总有着
春风带雨春风的雨
鼓荡着
交相辉映霸王的旗
飞舞着
潜龙腾渊披云的翼
带我飞，飞向无极再无极

致爱

望一望，天开海岳燕赵的天
听一听，栖贤寺的钟声，声外的弦
荡一荡，一片汪洋不见的船
云一半，雪一半
总有着
要说的话说不完
氤氲着
轻描淡写的分寸感
回应着
都好才好的画卷
挥不去，注定如何今世间
你来过，我记得，便是永远

致雪

等一等，几千丈你飘然
赞一赞，漫天绽放你勇敢
劝一劝，何苦要来这世间
估计明天，大约九点
除雪，也是一场难堪
满地的雪花的头颅
还有，伤口上腥膻的盐
非要落
落在北方该有多好
起码可以
过圣诞，过新年
过丁酉的春节，过一个
完整的冬天

在这儿
那些赞美你的歌
只唱一天，只唱一遍
请让我
用纯洁为你加冕

尽去人间烟火色

回家过年 / 催促每一树印过红唇的海棠

回家过年
催促每一个日夜思念的远方
催促誓言混不好就不回来的三郎
催促冬天最后一片雪花娉婷落下
催促刚刚流过泪的人，妈妈就在身旁

回家过年
催促每一个被追梦疲惫的身影
催促每一个被稚子呼唤的他乡
催促每一双眼，望了又望
催促路边冰冻的刀鱼，游回海洋

回家过年
催促夜雪不要掩埋了抄近的小路
催促朔风不要越过负雪的山梁
催促所有的列车都仿佛专列
催促所有的脚步，都迈向爹娘

回家过年
催促每一段红尘的过往
催促每一树印过红唇的海棠
催促每一条凝固的河纷纷解冻
催促所有的生灵沐浴着晴翠的天光

回家过年
催促边疆的小镇的不要有霾
催促路怒的哥别一言不合又要发狂
催促友谊的小船不要说翻就翻
催促恩爱的人们长乐未央

回家过年
催促霜雪被霜雪覆盖的清晨幸福拥抱
催促欢喜被欢喜围拢的盛宴开满吉祥

想得美 / 不负如来不负卿

参拜

心在哪儿
出路就在哪儿
心在哪儿
死路也在哪儿
地荒芜才长乱草
心浮躁必生妄念

拜山拜水拜佛塔
无非是拜心中的欲望

正月

渐柔的风
轻响额顶
将暖的冷

唤醒神明
不远的春雷
一起听

立春

你的来
风一样，飞也无形
光一样，照也无声
看也平静
听也安宁
究竟是
惊天的震动

破五

破五，除旧去
破五，获新生
破五，得永年

一念

一念欢喜
是最好的慈悲
一念古今
是最好的穿越

情人节

那就等吧
等你西天取经
等你救我于孤

那就等吧
等你跨马东来
等你遇我于途

那就等吧
等你一念慈悲
等你收我为徒

那就等吧
等你泪眼娑婆
等你去我金箍

那就等吧
等你恨我入骨
等你爱我如初

浩然 / 我们在浩荡的春风里等你

一直，我们都在
反复念及
二十四岁
风华正茂的你
二十四
是时间是数字是年龄
还是距离
我不确定
然而
它比春风
更柔更暖更圣洁无比
当然
也比春水更酥比春光更润
比春花更令人着迷
平常里
你和风细雨
危情时

你担当勇毅
生死关头
你付出了身中四刀青春的自己
向着勇敢
向着无惧
向着光辉的人性
诠释了什么是优秀的燕赵儿女

二十四岁
它是，风起小岛
它是，青春大义
它是，浩然你正气

一直，我们都在
把你惦记
昏迷又昏迷
忍看你与死神的博弈
钦佩祝福和疼爱
像渤海湾的潮汐
一浪又一浪
汹涌在祖国新春的大地
不敢有一秒的停息
不敢有一毫的远离
浩然
你没事儿的
我们始终和你在一起
兄弟
你必须醒来
姐妹们在苦苦地等你
宝贝儿

你必须醒来
爸爸妈妈不能没有你
千呼万唤
我们唤回了你
浩然
谢谢你

一直，我们都在
掂量自己
如果是我不是你
我会怎样
能否
也像你般无私无惧
挺身去护佑另外的身躯
直面死亡的府邸
这一切的一切
没有迟疑
没有回避
这一切的一切
和勇敢相系
和操守相系
和一切美好的事物
生命
以及生命里的正大相系
你战胜的不只是危情
还有自己
你践行的也不只是自己
还有
职业的操守
人民的名义

你让我们相信
这世界只有爱才是无敌

一直，我们都在
等待春雨
而你让春雨也投来敬意
她把头条拱手让你
无论如何
你把身体里的痛
深深地埋在了
疼醒的梦里
放在
我们肃敬的心里
也放在
所有的等待和盼望里

二十四岁
你是，风起小岛
二十四岁
你是，青春大义
二十四岁
你是，浩然正气
浩然
我们在浩荡的春风里等你
我们在时代的大潮里等你
我们在燕赵大地的铿锵里等你
浩然
我们在实现中华民族伟大复兴的伟大征程里等你

何止是壮观 / 帅爆了 / 我的雁

雁北归
从极到端
从一处天边飞往另一处天边
从暮色飞往晴川
一波又一波
列阵而飞
优雅地飞、秩序地飞，飞出了信念
他乡也是故乡
爱人也是伙伴
看湿了红尘滚滚亿万颗迎送的眼
只这么一飞
就飞成了壮观
只这么一飞
就飞成了经典
只这么一飞
就飞出了规矩和方圆
暖了心暖了眼也温暖了人间

从遥到远
从一处浩瀚飞往另一处浩瀚
从冬天飞往春天
一行又一行
顾盼而飞
坚定地飞自在地飞，飞出了温婉
翅尖就是风尖
身畔就是云畔
拉长了万里扶摇大山大海天地宽
只这么一飞
就飞出了点线
只这么一飞
就飞出了质感
只这么一飞
就飞出了诗情和画卷
养了心养了眼也滋养了大千

从霄到汉
从一处云端飞往另一处云端
从沧海飞往桑田
一山又一山
砥砺而飞
痛快地飞沉郁地飞，飞出了悲欢
云巅也是风巅
时间也是空间
唤醒了一轮明月阴晴圆缺照无眠
只这么一飞
就飞出了惊艳
只这么一飞
就飞出了使转

只这么一飞
就飞出了忠贞和誓言
唤了心唤了眼也唤醒了永年

海鸥妈妈 / 爱的另一种回答

戴河才暖
联峰初黛
是谁浪花飞雪立沧海
朝为鸟往
暮为鸟来
水袖高扬惊涛外

人也无猜
鸟也无猜
好一个
天地多情真自在

渤海之滨
彩云之上
是谁气定神闲升虎帐
和着涛声
逐着海浪

风飞你在鸟中央

慈也无量
悲也无量
但凭她
暖成妈妈的模样

天开海岳
一勺之多
是谁纵米如花千万朵
领了生机
添了秀色
满眼风光不可说

你也爱过
我也爱过
就现在
唤醒惊蛰的北国

风那么紧
天那么寒
是谁迎送了远方的帆
不为虚名
不为夸赞
背米提粮为哪般
今世有缘
来世有缘
不须问
懂是最美的遇见

梨花未放
桃花未夭
是谁呼鸾引凤动春潮
袖手一招
蝶飞云绕
沙鸥心事怎知道

人也逍遥
鸟也逍遥
一任它
万年沧海万年潮

山林枕戈
关河空锁
是谁浑然无惧北风多
目逆朝霞
身擎日落
欢共沙鸥同冷热

你也过客
我也过客
谁能够
红尘看破红尘破

乱花渐欲迷人眼

创城 / 小手拉大手 / 不做公子哥，不做大小姐

创城，就是为流弊救赎；
创城，就是为桎梏解脱。
创城，就是为当下谋福祉；
创城，就是为万世开太平。

春风
从南到北
那是一种自觉觉他的力量
小手拉大手
从校园到家庭到社会
那是一种由小而大的超级链接
我看见孩子们
替大人着急的眼睛里
闪着天使的梦

眺望远方
我看见孩子们
为创城奔走的身影里
流淌着滚烫的江河
朝向大海

在孩子的眼中
一只蚂蚁
一尾小鱼
甚至一株小草
都是伙伴
伙伴
需要温暖

在孩子的眼中
无家的猫狗
散乱的垃圾
还有无序的交通
都是流浪
流浪
渴望归程

在孩子的眼中
城市就是他们动漫里的快乐王国
一切的不好都是掉进眼里的砂
能否
让鸟儿飞回画面
飞飞停停
飞过汤河的红飘带
飞过植物园的斑斓花海

飞过美丽港城的浩瀚苍穹
嬉戏在
五月的门楣

没有谁愿意
为他人的陋习买单
没有谁愿意
为漫山的顽石
喊出一场大地震的悲欢
然而
小手拉大手
就是要 @ 所有人
大家好
才是真的好
我为人人
才能人人为我

自律自觉
并不需要别人知道
大人们
我们必须
从小手拉大手中感到羞愧
检视那些不完美
并坚定改造的勇气
这就行动

一切的善恶美丑
都躲不过孩子的眼
请记得
高远处是孩子

和他们的荣耀石

我们有责任

给他们一个没有欠账的未来

不是所有的马拉松都叫“秦马”

五月
有一种激情叫“秦马”
42 千米 195 米
从奥体到湿地
从静候到风起
一路锦瑟云谷花溪
不叫你时间
不叫你距离
我叫你飞扬的记忆
但尽洪荒之力

五月
有一种遇见叫“秦马”
在五月花香的冷凉里
在山海夹道的晴翠里
在波光艳影的烟霞里
雄关目送

戴河笑迎
呼吸一腔燕赵的风
结下一生一世的情缘

五月
有一种向往叫“秦马”
在祖国迢遥的北方
在世界翘首的东方
在每一处陌生的远方
数着星星
盼着月亮
飞吻秦皇岛的海浪
纵情在渤澥细软的身旁

五月
有一种欢会叫“秦马”
在雨落幽燕的眼前
在横槊赋诗的襟前
在求仙入海的樽前
左耳涛声
右耳松吟
满目沙鸥翔集的画卷
跑向下一个光辉的起点

五月
有一种浩荡叫“秦马”
在横扫六合的玉轴里
在光芒万丈的晨晖里
在繁花似锦的时空里
两千多年后

有谁晓得
五颜六色的皮肤
成千上万的脚步
狂欢在曾经烽尘的土地

五月
有一种沉醉叫“秦马”
在热情好客的眼睛里
在万事俱备的等待里
在号角一声的催促里
一面是潮头
一面是洪流
袅娜着秦皇岛青春的舞曲
跌宕着万水千山的问候

五月
有一种幸福叫“秦马”
此时的用心
便是光明

秦皇夜雨 / 什么雨也抵不过此刻 / 这一滴泪滑过兄弟的脸颊

无兄弟，不乒乓
六月
秦皇岛的雨季
夜雨
除了歇息
除了清凉的忘怀
还需要什么
第一关也在淋雨
鸽子窝也在淋雨
路边
三两兄弟
掂着啤酒撸着串儿
享受小岛
流浪到小岛是哪一年
我忘了
流浪到小岛的第一场雨是哪一天

我不知道
我知道
我可以醉了
还有哪位兄弟
喜欢就来吧
青峰街角
说好的骄傲呢
说好的人生呢

一滴雨
将所有不愿醒来的梦打破
却打不破夜
打不破黑
也打不破光明

要大笑吗
在今年六月剩余的夜
路边的摊儿
冷凉的串儿
一杯酒
省略了知交
模糊了兄弟
我忍不住这第一等的奢华

用夜幕下的汤河
作比喻吗
海边的细沙
黎明的桨橹
还是老龙头的宽阔雨滴
然而

这远远不够
我至少还需要
再一杯料峭的酒
喝光了
就再要
不仁的是天地
深情的是我
要大喊吗
卢龙抚宁昌黎
今夜全河北都有雨
据说很大
你们准备好了吗
我早有几分醉意
一点一点地
一点一点地
像雨一样渗透到身体里
我在雨水中歌唱
歌唱万物和万物的明天
其实
今夜我只为歌唱男乒的那些兄弟

寂寞如是
雨如是
我亦如是
回到情义的顶点
找寻兄弟的光辉

秦皇夜雨
你爱也罢，恨也罢
秦皇夜雨

你醒也罢，醉也罢
秦皇夜雨
你对也罢，错也罢
什么雨也抵不过此刻
这一滴泪
滑过兄弟的脸颊

长江春水绿堪染

又一个夏天 / 很多的花又开一遍

又一个夏天
很多的花又开一遍
到处溽热的风
我在涡流中穿越汤河
完成行走
完成热爱
完成倾诉
完成回家的路途

干涩的叫卖
放风的狗
树的影子
蝉的鼓噪跟孤独
花瓣的完整跟破碎
一切
不容分说
这夜的颓废和虚无

这夜的放纵和自在
说不出的变态
说不出的扭曲
说不出的包容跟勉励
像极了
不肯承认对错的
每一个
可悲可叹纠结不堪的灵魂

失落、痛苦、疯魔
尖锐、凌厉、诡秘
冷峻、清醒、深沉
血性、迷狂、挣扎
热烈、激荡、摧毁
隐蔽、幽闭、隐喻
深渊、废墟、沼泽
沉默的石块
无声的河流
苇草、枯荷、大雨、素枝
冷热、光影、叹息、皱纹
傲慢、催促、呵斥、嘲讽
闪电、硕雪、烈焰、雷霆
没什么可以永久

时光的片段
日复一日地重组
炫耀、瓦解、绝望、复活
潮湿、腐烂、生长、光明
那些风、那些雨
那些被钝器击中的疼痛

遁入夜色
开始疗伤
开始饮酒、开始狂歌、开始做梦

看不清是谁
披着完全的黑
坐在夜晚的中央
仰望苍穹
轻声呼唤自己的乳名
竟被自己感动
像个孩子
泪像泉 像水 像雨 像箭
从天空降落
又从海边涌起
飞溅成羽毛
完美的肌肤、遍体鳞伤
随了风
分不清
是安慰还是疼痛
是出走还是返程
终归是
一条不归的路

喃喃自语
那么多相遇
怎么会无用
那么多凝望
怎么会无视
那么多深情
怎么会无动于衷

烟火世间 / 以朴为绚

1. 蜂拥的追逐

或者是一种集体的迷失，落后未见得就是坏事

2. 我且问你

究竟有多少奋斗，是因为梦想中的人生

3. 扒着门缝

我确信你要看的绝对不是远方和光明

4. 息心

哪怕一生只有一朵莲花盛开在狂心顿歇的足下

5. 有时

不是担心别人以为自己丢了，而是担心自己把自己丢了

6. 可以忍住泪水的模样

如若悲伤还在，可不可以真诚地哭泣

7. 再有几天

　　我们就将在盛夏里，坠入秋天的怀抱

8. 放下

　　甚至，连同决定放下的那一念

9. 没有人认为他需要让谁去改变

　　于是，请不要试图去改变任何人

10. 我不是喜欢这条路

　　是不想放弃这条路可能带给我的自由

11. 飞短流长

　　纵然流布甚急且远，却又如何

12. 不忍挂断的

　　从来就不是爱情

13. 没谁见过未来的自己

　　所谓见到时，现在的自己早已不在

14. 生活不过是一粒粒石子

　　为什么，非要是一部部聊斋

发现自己很文艺

时序

雷
默不做声
雨
撕破苍穹
长城虚设无边的醒
跟着醒
不必懂

暴雨后

蜻蜓
蝉蜕
落红
雨水漫过的稗草
河海一潭

山岭一丘
天地极大
只管走去

离歌

展开
又折叠
满屋的
无处可去的湿热的风
执手今夏
这告别的路口
我还没想好
该不该拥抱

原谅

又是夏天
苍蝇
成群呼啸着
肆意地飞疯野地笑
飞过村庄飞过原野飞过街道
自在逍遥
请原谅
原谅苍蝇
原谅苍蝇就是原谅夏天
就等于
原谅了这一切喧嚣

无题

不是我不吃
我就不饿
不是我笑了
我就一定幸福
不是我不走
就是我愿意留下

连天雨

雷声紧
雨声密
落红香细细
不见了
知了山呼似水
浪来
浪去

当美国被拉黑

2017 年 8 月 22 日
本年度唯一一次日全食横跨全美
全美民众满怀惊叹之情
围观月亮将太阳遮住
化白昼为黑夜的壮美奇景
就像一代又一代仰望天空的人们
太阳面前，人人都是地球人

当太阳被拉黑

不必政治、经济、文化、种族
也无论信仰
人们纷纷仰望苍穹

当身体被拉黑
一切的糟蹋
都是在糟蹋我们自己
而我们又是如此的健忘

当信誉被拉黑
那是
有时用尽一生
也难以回到最初的深刻烙印

当微信被拉黑
你才知道
有人已拒绝你
尴尬的是
他（她）并不将你删除
当关系被拉黑
才发现
群居和交往
才是人类的宿命
没有心甘情愿的孤独

当命运被拉黑
或者光明就在你的背后
不必沮丧
你试着转身

当生命被拉黑
不是一切结束了
而是
你的一切结束了

当爱情被拉黑
更多的必须是歉意
就哪怕
佛祖都说错不在你
只为曾经爱过

当友谊被拉黑
才发现友谊的小船
说翻就翻
千年莫逆
有时只消一言不合

当自由被拉黑
你会发现
天地虽大
竟是连转身都难
一切都成了诗和远方

秋风秋雨夕 / 潇潇凉意近

整个的下午
沉溺于这红尘的一杯
吃茶听雨
忘却了营营

好久没有听见这样干净的雨声
好久也没有这刻意的与谁相逢
不知此后
是否可以成为牵挂
是否可以省略姓名

雨还在下
我舍弃了伞
顺着
也拂逆着雨的方向
像极了
一场新的含苞

更像

一场顶风的怒放

无边光景一时新

每个秋天 / 都这般明亮

每个秋天，都这般明亮
铺天盖地的，凡·高式的阳光
碾碎花香
送我到辉煌的顶点

而我，并不急于赶路
揶揄在时间的街道里，回忆每一个晴翠的
被问候的清晨
那是另一处等待，光亮，明媚，又忧伤

火烧云，舒卷烈焰般的黄昏
流动且富有光泽，自由而奔放

有鸟飞过，快速地通场
极糯的呼唤
但凡有一点良心，我说不清
因何泪流

隔着山河大地虚掩的门户
眺望远方，而远方众多
但只有一处是属于我的
很远吗？没关系，再远我也能抵达

关于落日，属于今天的
又一个庄严的时刻
于明天，从来就没有过这么远
可否自问一声
辛苦了吗？我的王
我的诗，我的泪，我的边疆
你们都在吗
这浩叹的生死场，这无际涯的暖凉
这不挣扎，就不美好了的忧伤

也不知这一腔隐忍的甜，到底是哪儿来的痛
将我少年，将我无畏，将我痴狂

天黑啦！心里住下的那个人
不是我，又能是谁呢

大圣归来
Monkey King：Hero is Back

五百年
大圣归来
回家
结束这一轮四季
人间
就要花开

这些年
你好吗
这些年
孤单时总有你在

习惯了进取
也习惯了等待
修炼自己
要什么理睬

不怕痛
怕痛得不明白
不怕苦
怕苦得太失败

新欢旧爱
出不了意外
欢场荒台
没什么可猜

只有你
那么好
那么坏
那么终极的死
那么永恒的在

遇见你
一路多了精彩
今生少了不快

坚贞
大爱
是你赐给我的情怀

你是笑傲三界的大圣
也是多情天地的小孩

五百年
大圣归来
回家

结束这一轮四季
人间
为你花开